U0002349

都是為你好

お母さん、
「あなたのために」と言わないで
子育てに悩むすべての人への処方箋

日本心理學家 長谷川博一 著
楊毓瑩 譯

揭穿原生家庭的幸福謊言

前言

諮商室的門被打開，一個人走了進來。

這次前來諮商的當事人是一位女性，看起來似乎有點緊張，表情略帶僵硬。

房間裡擺放著一張面對面坐的四人桌。身為心理諮商師的我，坐在桌子內側，面向桌子的左邊。為當事人（委託人、接受心理治療者）著想，我特地將對面兩個椅子空著，希望當事人自由選擇；可以坐在我的正前方，直接與我四目相接，也可以選擇坐在右側、斜對著我，避免直接視線接觸。無論選擇哪個位置都可以。

對方剛開始似乎有點猶豫到底要坐哪裡，而感到不安。這大概是她第一次接受心理諮商吧。

「因為是第一次見面，所以妳可能有點怕我。不如請坐在與我呈九十度直角的側邊，可避免直接與我面對面。」

我提出這樣的建議，並請她坐在我的對面右側。對方開口了。

「我無法和孩子保持適當距離。在孩子面前，我不是壓抑自己的情感，就是處於情緒爆發的狀態。」

「我覺得自己活得好累。」

這些話是委託人的傾訴。她看起來似乎不太會將喜怒哀樂形之於色，我因此看出她的內心早已疲憊不堪。前來諮商這種煩惱的家長，以母親居多，她們沒有例外，都抱持著下列這種想法。

「教育失敗，後悔莫及。」

但是在諮商過程中，只要解開她們有意識或無意識牢牢守住的「絕對不能洩漏口風」的秘密，煩惱幾乎都會隨之消逝。而且，讓她們得以消除煩惱的並不是心理諮商師，而是原本「窮途末路」的自我，心靈產生「觸動」，因此改變了令人擔心的親子關係，導致孩子的言行舉止也跟著改變。

請你回想教養孩子的過程。

養兒育女最辛苦的階段，絕對是嬰幼兒時期。剛出生的嬰兒對一切懵懂無知，不會思考也做不了任何事。嬰兒沒有溫暖親切的心，也沒有汙穢的心。我們用「純真無瑕」這個美好的詞來形容這樣的狀態。

生產、與新生的存在第一次見面的瞬間。幾乎所有為人父母都會為之感動。

「感謝你來到這個世界，太令人開心了！」

「我真幸福！」

這是專屬於母親的幸福時光。然而，這種滿心的喜悅，轉眼間便蕩然無存。為了讓手無縛雞之力的嬰兒，在不遠的未來能適應殘酷的人類社會，父母必須「從零開始教起」。這就是「教養」與「家庭教育」。最後演變成父母在困境中搏鬥。如果從人類漫長的生涯來思考，嬰幼兒時期其實相當短。當我們回過頭去看，甚至會感嘆「一晃眼就過了」，產生深刻的感觸。

父母含辛茹苦的拉拔孩子長大，隨著第一階段的養育工作告一段落，彷彿早已伺機而動的「關卡」突然出現在眼前，也就是所謂的「第二次叛逆期」——青春期。

到這個階段為止，孩子的教養成果很明顯的都與父母有關。為過去的教養成果進行決算時，如果可以肯定先前的親子互動方式帶來的是「正面的盈餘」，父母應該會感到安心。相反的，有的父母也會發現自己陷入「負債」而感到不安。另一個可能面臨的問題是，在這個時期孩子尚未浮出水面的潛在症狀，爾後可能會發展成「嚴重」好幾倍的症狀。像我一樣凝視著「心靈黑暗面」的人，常可看出繁忙的社會導致孩子的成長過程產生變異，並且有很多人從孩子的外表和態度中，讀取到負面訊息。

青春期，確實一個是容易暴露父母教養方向的危險地帶。

但這絕對不是人生的「總決算」。

這或許是一個讓父母省思過去親子關係的大好機會，在認為有必要的時候，修正與孩子的互動關係，共同摸索全新教育模式。

前來諮商的家長，很多人都只看到青春期「決算」的表面，就感到走投無路。身為心理諮商師的我，最主要的工作就是讓這些人從徒勞和絕望中解脫，為他們指出希望、勇氣、動力、挑戰的路標，使他們邁向未來，陪他們從絕望中振作，改變看待事物的觀點、積極的生活。

其中也有人因為覺得一切都太晚了而苦惱不已，也就是在孩子長大成人後，甚至當孩子也為人父母之後問題才浮現，因此自覺錯失良機而放棄挽救親子關係。但與這些人的相遇，也給了我很多啟發。

無論在哪個時期都要相信，絕對沒有任何事會「太晚」。

當心靈產生「感動」，就是機會來臨的寶貴瞬間。

老實說，在我剛擔任心理諮商師的前期，即使具有豐富的心理學知識，但對於現實生活中有利親子關係發展的教養方式，我其實是不確定的。然而，經過不斷與處於悲劇深淵的人對談過後，我的教養觀念有了大幅度的改變。「追求令人滿意的教養方法」，這樣的想法本身就匪夷所思。這些體驗徹底瓦解了我的刻板印象。

養育孩子不是「方法」或「技術」。重要的是以什麼樣的觀點因應在現實中瞬間發生的事件，和用什麼心態感受已發生的事情。任何人，無論是任何形式的幸福，都應該活在「幸福」中，感受著幸福。

……雖然我只能以不特定的方式指稱，無法指名道姓，不過有一群人賭上他們自己的人生，引導我產生了無限的發想，這對我而言「如獲至寶」。這群人可能是虐待孩子致死的父母、和我諮商過後自殺的人、殺害他人而成為死刑犯的人，或者是犯罪受害者及其遺族等，總之他們無疑是一群活在「極限」中的人。

我希望所有活著的人，即使沒有特別的理由或根據，都要抓住幸福的真實感受。請絕對不要放棄這個目標。當你認真伸手抓住「幸福感」的瞬間，你就會像是解開沉重的腳鐐一般，以令人難以置信的輕盈感，重新認識這個世界的安穩。在幸福的面前，任何常識和場面話都會逐漸退散。

另一方面，有些人喪失支撐著自己的明確依據後，就無法保有自我，例如「立竿見影的教育家」、「成功故事的主角」等，當我將視線移到他們身上，我從他們的身上看見了悲傷。

沒錯，說出這種言論的我，在現代社會裡或許會被視為「乖僻的怪人」。

接著，本書原書名「お母さん、『あなたのために』と言わないで」意思是「媽

媽，不要再說『都是為你好』。我用隱喻的方式，希望將深遠的意義完整記述於本書中。至於意義究竟是什麼，希望你能讀完全書，得到領悟，如此我將感到萬幸。

想要愛孩子的父母，隨著藉由諮商「觸動自己的心靈深處」，他們從前認定為教養的「問題」，彷彿也跟著改變容貌。從當初「為孩子」努力生活，轉而變得更關心自己的生活，想要體驗充滿「舒適」、「悠閒」、「適度忙裡偷閒」等全新感受的生活方式。督促孩子做這、做那的「教養理論」，最後都變成藉口。知識和技術只是理論，無法實際體會教養子女的真實感。如果每個人都可以超越眼前瑣碎的「堅持」，將眼光轉向更高的境界，深刻體會「身為人，真好」的感受，不知道該有多棒。我始終相信人們總有一天會到達這樣的境界。

因此我在本書中，主要以小學到高中的孩子為對象，介紹許多孩子們想要對父母親說的話，這些話乍看之下複雜難以理解。我則居中擔任翻譯者，努力以更容易理解的方式，將訊息傳遞給家長。孩子的用語或許直接而強烈，表達方式可能令人感到衝擊。當然，其中也有口吻委婉溫和的。書中藏著許多足以引發讀者好奇心的小巧思，慢慢閱讀下去，我相信一定可以自然的察覺到自己「內心的變化」。

當所有人都能期待「初次的體驗」，並做好「覺悟」的準備，我也將感到榮幸。

另一方面，心理諮商師還有一個必須好好統整的部分。

父母一直以來假裝若無其事，牢牢守住秘密，他們有時候也會對心理諮商師隱藏。

那就是「家族的秘密」。

由父母傳襲給孩子的家族秘密，這不僅是親子關係，其實在很多案例中，都是由父母的父母（也就是孩子的祖父祖母或外公外婆）傳給父母，再由孩子繼承這個家族的秘密。像我一樣的心理諮商師，必須負責理解並解讀這個秘密。如果我說這是心理諮商師全部的工作，即使全力傾注於這個部分也不為過。

＊＊＊

進入房間諮商的女性，神情依舊僵硬。我很難從對方的表情知道她到底在想什麼，也不清楚她內心微妙的情緒變化。

突然，對方問了我一句話。

「老師，你會用常識看待事物嗎？」

雖然那一瞬間我不懂她這句話的意思，不過我還是立刻這麼回答了。

「不會，我是跳脫常識的人。」

聽到我這麼講，對方露出鬆了一口氣的表情。

這就是我與作家兼劇作家柳美里女士初次會面的過程。爾後約半年間，我總共和柳女士進行了六次晤談（但這六次也包含了準備階段和開會，因此可以定義為正式「諮商」的次數為四次）。柳女士透過與我之間的對談，察覺自己對兒子所施行的虐待，其根源其實來自於「家族的秘密」，她將這段心路歷程紀錄於《家族秘密》這本著作中（本書台灣未出版）。

很少人會將真實的諮商內容完整公開。柳女士的擔憂、與我之間的諮商、如何面對過去和「家族的秘密」、內心起了什麼樣的變化。透過文學家獨特的洞察力和表達能力，如此細膩的刻劃出這些歷程，令我訝異不已。希望各位讀者有機會一定要看看這本書。

在柳美里女士的同意下，本書的第七章和第八章也記錄了我與柳美里女士的諮商內容，並由我從心理諮商師的角度去分析。

讀者們或許會認為，我是因為柳女士的小說和在媒體上發表的言論和行為，才會產生這些想法。或者覺得柳女士是特立獨行的「特別的人」。事實並非如此。柳女士真正的煩惱，和所有為人父母的煩惱一模一樣。我認為柳女士的吶喊，是世上多數父母，尤其是母親的吶喊。身為作者的我，希望所有人都可以貼近柳女士的「心靈之旅」。而本書也集結了眾多我過去處理過的親子對話，「陪伴」他們踏上心靈之旅。我希望將這些內容，傳達給生活陷入迷惘、困於泥沼中動彈不得的父母和孩子。

第1章　「問題兒童」真的有問題嗎？

愈來愈無法理解孩子的「世界」

我向一位小六女兒的媽媽問了一個問題。這已經是幾年前的事。

我問她：「孩子最近有什麼讓你煩心的事嗎？」

她立刻這麼回答我。

「她在我面前和在朋友面前的表現不一樣。她的朋友來家裡玩的時候，只要我因為想融入她們而多說幾句話，她事後就會對我興師問罪『你幹嘛說那些話啊』。小孩到底在想什麼？」

一、兩年前，做媽媽的還很清楚女兒有哪些朋友、和誰有來往，但現在女兒好像在幾個小團體間，保持著微妙的關係，因此已經無法完全掌握她的人際關係。

例如，自己的女兒和由理在一起的時候，如果此時媽媽提到女兒某一天和亞里沙去看電影，就完蛋了。因為由理和亞里沙分屬於不同的小團體，而這些團體中有些孩子的關係交惡。小六的女兒，從小就在這種母親難以想像的人際關係中，盡力與雙方融洽交往，取得平衡。

若對象換成兒子，對於母親而言，那又更是一個「未知」的世界。媽媽雖然沒見過也不曉得名字，但知道兒子有一個交情不錯的朋友，可是他某天又突然和一個陌生的女孩變成好朋友。看到這種情形，媽媽都會擔心「功課有沒有顧好」。在發現這些事情之前，媽媽都覺得孩子是「自己的」，還在自己的視線範圍內，可是現在卻感覺孩子的身影逐漸消失在眼前。

在青少年階段的孩子，處於一個過渡期，想要跳脫與父母緊密相連的社會（人際關係），轉換到與同輩族群的關係裡。他們（她們）討厭父母任意入侵「屬於孩子的社會」。建立屬於自己的社會，意味著一定會對父母藏著秘密，也帶有拒絕的意思，但這完全是健全的「獨立」過程。

叛逆是獨立的力量

青春期被稱為「第二次叛逆期」。如果將焦點放在身體的變化上，也可以改稱為「第二性徵期」。男性與女性荷爾蒙大量分泌所造成的巨大生理變化，也潛藏於心靈成長的深處。

人類不像獅子等動物，動物父母藉由強迫孩子離開來使孩子獨立，而人類小孩則是透過反抗父母，迫使父母必須離開孩子。這一點相當重要。男孩的反抗通常較為激烈，是因為他們想要拉大與身為異性的母親之間的距離，以及他們的男性荷爾蒙刺激著腦部的攻擊中樞所致。

孩子的肢體和語言暴力越激烈，就表示他們越需要「反彈力」以脫離父母，澈底獨立。反過來看，這也顯示出在過去的養育過程中，孩子「在兒童期非常依賴父母」。

父母在這個時候會苦惱「不知道小孩在想什麼」，但其實不只父母，處於獨立期的孩子們，對於自己內心的轉變，也無法用言語表達出來。尊重孩子所建立的未成熟社會，就是父母所能給予的最佳支援，也是為人父母必經的試煉。

那麼，本章開頭出現的「母親」到底是誰？其實正是我的太太。你或許會問「身為父親的長谷川先生，有注意到女兒的這些現象嗎？」這個嘛……就讓讀者們自由想像了。

判若兩人的孩子

我說過，青春期的孩子適度地對父母藏著秘密，是很自然的事。孩子藏秘密的對象當然不只父母，也包括學校的老師等所有大人在內。

儘管這種行為是人之常情，但有另一種行為令我感覺到很大的危機。那就是有愈來愈多的孩子，在父母面前「臉色」和在外面的「臉色」差距甚大。

很不幸的是（其實算幸運），父母在發現這個事實的瞬間，都會陷入混亂狀態，覺得「不懂小孩在想什麼」。學校的老師還會請家長到學校關心「表現不一致」的小孩。小孩害怕父母知道自己在學校發生的問題，因此這些孩子在家中也出現扮演「乖小孩」的傾向。如此一來，即使校方為家長說明孩子在學校的表現，也無法取信於家長。如果直接告知「事實」，被告知的家長反而會情緒化的懷疑校方，演變成追究責任的事態。這就是引起熱烈話題的「怪獸家長」（第五章有詳細介紹）。

什麼是「乖孩子」？

「教出乖孩子」是每一位父母的共通心願。

但是，請停下來思考一下。

「乖孩子」指的到底是怎麼樣的小孩？

當個「乖乖牌」，真的有利於孩子的成長嗎？

「乖孩子」和「其他類型的孩子」的差異，是怎麼產生的？

大部分的家長都「沒澈底思考過這個問題」吧？請藉由這個難得的機會，好好想一想。

我認識的「乖小孩」、「好人」當中，有很多人非常勉強自己，就算他們有一天崩潰了，我也不會覺得奇怪。許多當事人直到瀕臨極限，發現「問題」以後，才會發覺原來自己以前都在逞強。相較於此，叛逆的小孩對自己有某種程度的瞭解，通常他們也知道別人對自己的看法。當然，他們對自己的瞭解不一定正確，甚至有大部分是扭曲的。

我曾經跟一位叫做奈奈的國二女學生對談過，她令我留下很深刻的印象。她是別人眼中的「不良少女」。服裝儀容不整、經常翹課，對老師惡言相向。在校方的委託下，我和奈奈有了在諮商室會談的機會。

她坐在椅子上，將手臂交叉於胸前、翹著二郎腿，臉轉向側邊，我突然問她：「你喜歡自己嗎？」

隔了一會兒，她點點頭。我接著問：「你喜歡媽媽嗎？」她一樣點頭。對於「你覺得自己幸福嗎？」、「你覺得能活著很棒嗎？」等問題，她也給我肯定的回答。

因此，我開始針對相反的情緒詢問。「你討厭自己嗎？」、「家是不是讓你覺得不快樂？」、「上學讓你感到很沉重吧？」……聽到這些問題，奈奈馬上搖頭否認。

這樣的反應實在太奇怪了。因為，大部分叛逆的孩子，都認為「自己很差勁，沒有存在的價值，大人很討厭自己」。也就是說，他們的自我評價很低。這時候我發現，奈奈是不是經常表現出與真正的感受相反的態度，刻意讓別人誤會，藉此加入特定團體讓自己變成「壞小孩」。所以我將這樣的想法直接告訴她。

「你覺得『是』的時候，會回答『不是』，說『不是』的時候，其實是『是』吧」。

聽到這一番話，奈奈突然嚎啕大哭了起來。

我等奈奈的情緒平復下來，然後說：「父母和老師完全不懂小孩在想什麼，對吧？」

她用雙手埋住臉繼續哭，點點頭又搖搖頭。她心裡已經陷入混亂了。對於想要一窺自己內心世界的她人（我），她猶豫著到底該說「是」，表達出真心話，還是口是心非到底……發現她的心「開始動搖」的我對她說：「你就在這裡盡情的哭，等到冷靜下來以後再回家吧」，說完後就先行離開諮商室。

幾天後我和她的母親會面。她表示女兒小時候「乖巧、不任性，很好帶」。由於母親工作家庭兩頭燒，所以很少和女兒互動。奈奈的生活從國中開始脫序，導致自此以後母女兩人的關係變成只有責備。

奈奈之所以養成「口是心非」的習慣，是因為從小就開始否定「想和媽媽聊天、撒嬌」的真正感受，而在心裡強烈的告訴自己「最好不用再和媽媽講話」。上了國中以後，她開始知道自己的不良行為會遭到媽媽的責備，開心終於又得到媽媽的正視，因此選擇繼續「口是心非」。

幾週後，她的班導師告訴我「奈奈整個人都變了，變得很坦率」。

對於青春期的孩子而言，知道「原來也可以和大人吐露真心話」是一項重大發現，且是非常重要的體驗。

現實生活中，很多孩子因為「反正大人不會懂」而放棄溝通，也不再渴望父母能夠理解，這是很悲哀的事。如果青春期的孩子無法像小時候一樣，希望父母「瞭解自己」的話，父母就只能感嘆「小孩真難懂」。

為了阻斷「孩子放棄」和「父母不懂」的惡性循環，父母不應該勸孩子「說話」，而是試著從任何方面改變自己，這才是促進雙方溝通的捷徑。

有類似童年經驗的柳美里女士，在諮商過後也朝這個方向努力。她的家庭確實因此開始起了變化。我在第八章有說明這個部分，請參閱。

孩子眼中看到的「大人的心靈色彩」

我們常說「父母是孩子的一面鏡子」。青少年教育高呼「父母改變，孩子就會跟著改變」的口號。這些話其實也在告誡「父母必須當孩子的模範」。

從心理學的學習理論（模仿）來看，這樣的想法確實掌握到了要點。孩子並非靠著吸收大人所教導的知識來學習，而是觀察大人的言行，自然產生模仿的舉動。

孩子是如何看待社會上的大人？我從幾年前實施的調查中，看到了有趣的結果。調查中有一個問題是「如果用顏色來比喻心，你覺得社會上的大人是什麼顏色？」，總共提示十五個顏色，讓小學三年級到國中三年級的學生從中選擇。有關大人的心靈色彩，回答最多的是「黑色」和「灰色」。我依年級製作了的比例圖（圖1-1、圖1-2）。

黑色和灰色都不是適合用來比喻心的顏色。在調查問卷中，也設計了供學生自由填寫選擇顏色的理由，透過彙整後，理由不外乎是「大人不懂小孩的想法，只會一直說教」、「大人只會做壞事」等。

小學六年級的男女學生，選擇黑色和灰色的比例總和都是約五〇％，隨著年級愈來愈高，到了國中三年級則接近七〇％。

小學低年級的男生做此回答的比例較高，但六年級以上的性別差異性逐漸減小。請試著想像看看。孩子認為「大人的心是骯髒的」。從回答的比例看來，大人絕對無法置身事外。就算孩子平時表現成熟，也不會批評大人，但他們心裡很也很有可能這麼想。並且，現在我們以為「有別」於大人的孩子，最後也可能以大人骯髒的部分學習榜樣，染上這些壞習慣。

大人到底該怎麼做才好？「大人根本一點都不瞭解小孩」，答案的提示就在孩子率直的意見中。沒錯。青春期的孩子非常渴望得到大人的理解。大人在做主觀認

圖 1-1 男孩認為「大人的心」是「黑色」或「灰色」的比例

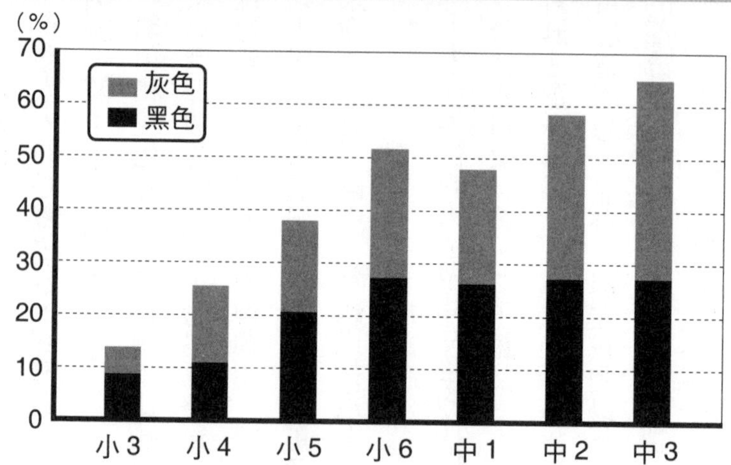

圖 1-2 女孩認為「大人的心」是「黑色」或「灰色」的比例

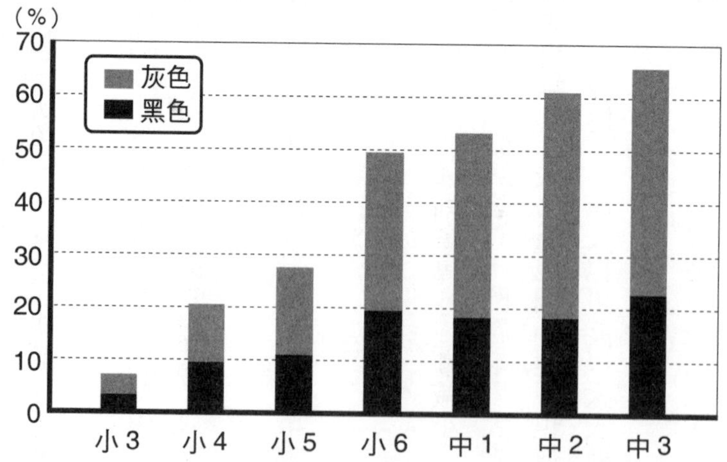

定、訓誡小孩之前，應該瞭解孩子也有自己的理由、主張及情緒。

孩子對自己的看法

那麼，孩子覺得「自己的心是什麼顏色」？（圖2-1、圖2-2）

相較於「大人的心的顏色」一題，男女認為自己的心是黑色或黑色的比例都降低了。統計所有年級的答案後，由高至低依序為水藍色一一・八%、黃色一一・八%、橘色一一・八%、藍色一〇・一%、紅色九・〇%、粉紅色八・一%。理由包括「漂亮」、「可愛」、「清新」、「有活力」、「熱情洋溢」等正面意義。

從全體來看，雖然黑色和灰色的比例較低，不過不可否認的是，隨著年級越高比例有增加的傾向。就此傾向而言，男孩在小學中年級時明顯升高，之後則緩步上升，相較於此，女孩進入國中後遽增，到了國中三年級做此回答的比例則超過男孩。

由此可知，儘管孩子一開始討厭大人「骯髒的心」，但最後大人的行為也變成他們的壞榜樣，導致孩子形成「扭曲的個性」。

為什麼孩子的自我形象中會出現黑色和灰色？雖然他們在成長過程中體驗著「社

圖 2-1 男孩認為「自己的心」是「黑色」或「灰色」的比例

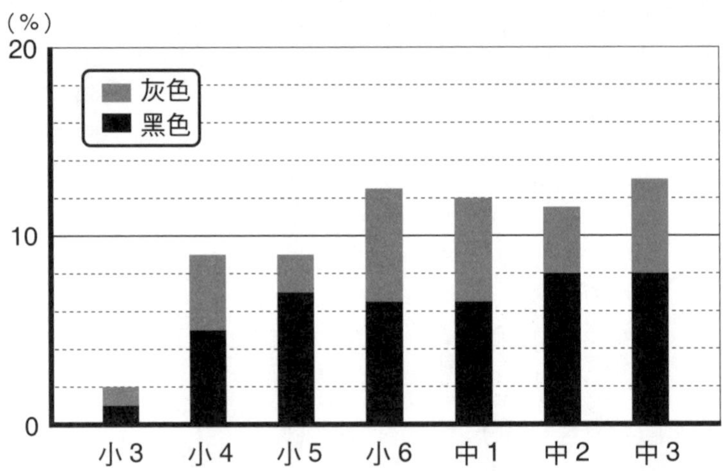

圖 2-2 女孩認為「自己的心」是「黑色」或「灰色」的比例

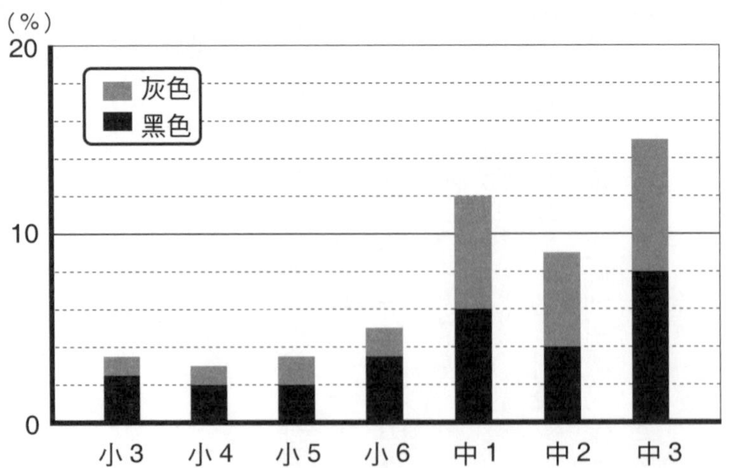

會上的大人」的骯髒，但是身為與孩子最親近的大人、「以身作則」的父母對孩子有壓倒性的影響力。因此，我們應該認知到，圖表中認為「自己的心」是黑色或灰色的這十幾個百分比的國中學生，其實是在告訴大眾，在他們的家庭中，父母的言行舉止出現了問題。父母不應該認為自己遭到批評而發怒，必須以「謝謝孩子告訴自己」的態度面對孩子的聲音。

人們在將一個實物比喻為顏色時，必須實際看到對象，才會更容易描繪共通的印象。針對一個事件，或多或少也是如此。孩子透過媒體等管道得知大人各種醜事的真實情況，並由此產生對整體大人的印象。相反的，由於無法將自己的心客體化，因此察覺不到自己討人厭的一面，難以用黑色或灰色來比喻自己的心。

接著，調查中也問到「你喜歡自己嗎？」，並請孩子們從「喜歡」、「不喜歡也不討厭」、「討厭」這三個答案中選出一個作答。

「討厭」自己的比例如圖3所示。

根據這一題的回答，「討厭自己」的傾向，不分男女，小學生約落在一〇%～二〇%差距不大，不過國中以上的學生隨著年級升高，討厭自己的比例遽增，國中三年級比例達到約五〇%。比例增加的傾向以女孩較為明顯。並且，根據數據顯示，國中畢業後「討厭自己」的孩子變得更多，比例接近七〇%。如研究數據所示，正

圖 3　孩子回答「討厭自己」的比例（調查人數 3847 人）

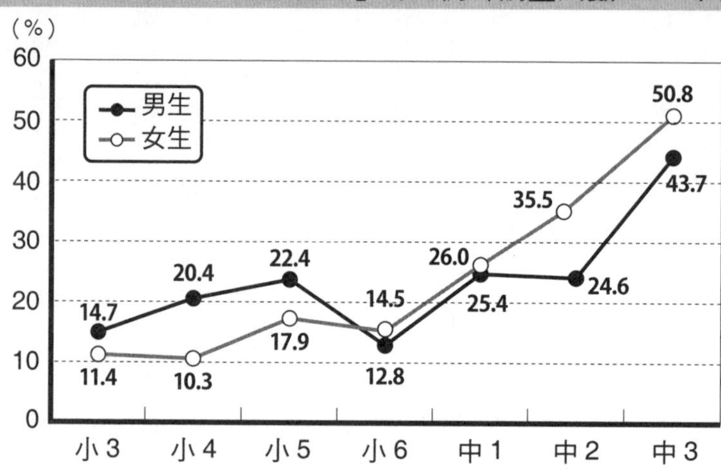

值青春期尾巴的孩子，自我厭惡感達到最高。

從這個觀點看來，我們可以知道青春期的孩子心思非常敏感。具有強烈自我厭惡感的孩子，對於別人對自己的看法相當敏感，容易因為一點小事就受傷，而無法採取積極且具有建設性的行動。

「三姑六婆（オバタリアン）」是日本前一陣子的流行語。這個流行語源自日本漫畫書名，用來嘲諷言行舉止無懼眾人眼光的中年女性。我認為這也顯示出心靈處於危險狀態的年輕世代，在將之與渺小化的自己比較過後，對此一族群所投以的羨慕之情。

叛逆小孩的內心世界

根據調查結果顯示，約有七〇%國中三年級的孩子，認為世界上的大人是骯髒的存在，具有黑色或灰色的心。孩子眼中的「大人」，除了媒體報導中的犯罪者和醜聞事件當事人，理應也包括自己的父母和學校的教師們。這一點從他們在問卷中自由填寫的「大人根本一點都不瞭解小孩，只會說教」等理由中，就可以很容易的判讀出來。因為這些理由是孩子透過與大人的互動，所得到的直接體驗。

正視如何因應孩子「負面感受」的課題，才能為大人開啟一扇窗，理解叛逆孩子的情緒、展開心靈對話的可能。因此，大人不應漠視「叛逆」，而應該予以重視。

當孩子升上國中，主觀上認為「大人很髒」的孩子，會逐漸隱藏自己真正的想法。並且會開始對大人口出惡言的說「吵死了（煩死了）」、「關你什麼事」等話語，想要斷絕關係。所以，必須由大人主動積極、真誠的將「我想要知道你的真心話」、「我很重視你的想法」等訊息傳遞給孩子知道。

大人不能「只想用好聽的話拉攏孩子」，而是必須以認真的態度面對他們。

我想介紹一個案例，某次我接受某間國中的委託，第一次與一位國中三年級的男學生——啟介會面，他是所謂不良少年團體的老大。

剛開始我請所有的老師離席，讓我得以與他一對一對話。這是相當重要的一點。他應該覺得「學校輔導老師都是一樣的」，並認為我也是心靈骯髒（獨斷）的人。我以這樣的方式和他會面，並非為了降低他的不信任感，而是尊重他的感受。

能否和啟介產生相互的理解，關鍵就在於他是否感覺得到我「和過去他所遇過的大人不一樣」。當他發現「原來世界上也有大人『懂』自己」，就會開始期待其他大人也能理解自己。

在我們獨處的時候，我和他說了什麼？又發生了哪些事呢？

剛開始，啟介以傲慢的坐姿坐在椅子上，翹著二郎腿、頭轉向其他地方無視於我的存在。嘴巴緊閉，就像在告訴我：「和你沒什麼好說的」。

我慢慢的主動開口：「大人真的很齷齪」、「明明什麼都不知道，還假裝一副很懂的樣子，囉哩叭嗦個不停」、「自己做就可以，卻不准小孩做一樣的事」、「媽媽真的很囉嗦，都不能讓人靜一靜」、「爸爸在家裡什麼話都不會說」、「姊姊很會讀書，是家裡的寵兒」、「老師只會說『規定就是這樣』，硬強迫學生遵守」、「每個人都很卑鄙，不覺得很令人生氣嗎？和這種人商量也是浪費時間」……。

啟介終於轉過來，用認真的表情看著不停說著身邊大人壞話的我。我會說這些話，當然是因為已經事先瞭解過他的家庭背景，並猜測他的真心話。

最後，我說：「你是可以自己做判斷的孩子。將來無論遇到任何困難，都可以聯絡我。今天很高興和你聊天。」並跟他握手道別。

過了一陣子，他的導師告訴我說：「自從上次諮商以後，他的表情變得截然不同。我問他『要不要進教室？』，他竟然很直率的回答『好』。這是第一次。他說，你是『瞭解他的人』。」

無法信任大人和社會的孩子，無論大人怎麼進行道德和規範勸說，一點意義也沒有。小孩都睜大眼睛在看著。孩子心裡清楚得很。大人說的話和做的事之間的矛盾。大人也請不要再對自己產生不切實際的理想，做回原本「不完美」的人，互相原諒彼此犯的錯，並以相同的態度對待孩子。如此一來，就能減少孩子對於充滿矛盾的大人的不信任感。大人和小孩都能從壓力中解脫，享受更多的「自在」空間。

第2章 孩子的謊言與家庭的秘密

不想讓父母知道的秘密

前一章提過，「青春期的孩子適度的對父母保有秘密，是健全的成長過程」。但是，家長是否能這麼想，並且不干涉孩子的秘密呢？實際上，一般父母很難做到。要做到這一部分，必須有穩固的「基礎」。這個基礎就是「父母對孩子的信賴」。

當父母無法百分之百掌握孩子，無法確認孩子是否走在正確的道路上，父母多少都會感到不安。這種不安的感覺，表示孩子健全的成長過程，已經遭逢危機。

父母想要將孩子留在身邊的心態，並非從孩子進入青春期之後才突然出現。從幼兒期開始，父母就會「無意識」的想要操控孩子，只是本身沒有察覺這個事實而已。在控制型父母的管教之下，孩子為了保護「小孩的社會」，必須拚命藏好秘密。就這樣，形成「父母打破砂鍋問到底」和「孩子隱瞞」的對立關係，親子雙方都變得必須將精力浪費在其他地方，而不是努力讓孩子學習獨立。這些陸續展開的親子決鬥中，最麻煩的問題就是父母認為「問題出在孩子身上」，而不認為應該檢討「自己與孩子的關係」。

我又要說一件自己的私事，這次是關於我當時就讀國中的兒子。兒子的朋友經常來家裡玩，也經常拜託我一些「事情」。

有一天晚上，兒子的朋友智宏手裡拿著「某個東西」來我家敲門。我立刻嗅出他的不對勁，並幫忙保管。他的父母不知道他有這個「東西」。根據智宏的說法，因為最近他的父母發現家裡怪怪的，所以他要趁父母發現前，把證據藏起來。

「不好意思。可以借放這個嗎？」

由於這是我和他之間的「約定」，所以不能告訴大家這個東西到底是什麼，不過為了保護他的名譽，我必須澄清這是很多國中生都有的普通東西，是他用自己的零用錢買的。

過了一陣子，智宏很有禮貌的來拿回東西，並說：「已經沒有問題了。謝謝你。」離開時，他還說：「因為有理解我的大人在，我才得救了。」言談間似乎有點寂寞。

另外一個國中生小誠也找上我家。

「太多了，可以請你幫忙拿走一些嗎？」

我聽了事情的來龍去脈，原來是他在網路上下標的「生物」，因為出了差錯，導致於到貨的時候數量太多，讓他很困擾。雖然只有幾百塊日圓，不是很昂貴的東西，但數量這麼龐大，想不被強烈禁止他飼養的父母發現，實在不可能，他不知道該怎麼處理，最後決定找我幫忙。所以，這些生物就這樣變成送給我們家的驚奇「禮物」，由我兒子負責照顧。

其他還有幾名國中生，把瞞著父母的秘密告訴我這個「鄰居大叔」。「請讓我在這裡休息一下」，在應該去補習班的時間，瞞著父母來到我家的孩子、在家人熟睡之後，和我在網路上聊天的孩子……。

他們都有一個共通點。那就是父母對他們的管教都相當嚴格，幾乎沒有例外，這是值得關注的一點。不過，隱瞞自己的父母，卻可以讓其他人的父母知道秘密，國中生的這種心理，也真是奇妙。

孩子在成長過程中總是會繞很多遠路。如果父母可以稍微容許他們走遠路，孩子也不會疲於「隱瞞父母」，親子之間應能保持親密的距離。

孩子的秘密反映家族的病根

我想介紹一個相當沉重嚴肅的案例。

國中一年級的學生小遙提出諮商申請，希望「有人聽自己說話」。從諮商的第一天起，她就毫無保留的提到了自己喜歡的男生。

「我想要被他抱著，讓他掐住我的脖子。等到意識開始變得模糊時，換我掐住他的脖子，殺死他。這是我夢到的情境。」

這恐怕是家有同年齡層孩子的父母讀者們，難以置信的一段話。但是，這是小遙清楚對我敘述出來的「夢境」。她說從來沒有告訴過任何人。除此之外，她還坦承與多位男性發生性關係，目前為止共有五人，每一位都是四十歲以上、年紀大到可以當她爸爸的人。她拿出手機，秀出這些人的電子信箱和照片。

小遙的秘密不僅與她的年齡不符，就算從個人的立場來思考，這個藏在心裡的秘密，也既危險又異常。導致她陷入目前困境的原因，包括扭曲的家庭病理和社會病理，這些問題或許不普遍見於一般家庭中。但是，我希望大家都能知道，現實生活中的確存在著藏有這種秘密的青春期孩子，而且這些孩子表面上過著正常的家庭生活，在學校也毫無異樣。

相較於此，智宏和小誠的秘密就顯得生活化多了，說真的，他們的秘密是每個家庭都有的秘密。但問題在於為什麼他們連這麼一丁點的秘密，都無法獨力守護。

要釐清這個問題，必須探討過去與現代之間育兒環境的差異。我將「過去」設定為六十年前（在這裡暫不考量戰爭這種時代性的重大特殊事件）。

從現在往前推算六十年，也就是一九五〇年（昭和二十五年）左右以前，兒童（十四歲以下）占日本總人口的比例為三六%，並穩定成長。但是到了一九五〇年代中期，兒童的比例開始降低，降低的現象持續到現代，直至一九九〇年起終於邁入「少子高齡化時代」。國家推動的少子化政策失效，無法緩解少子化問題的惡化。二〇一〇年，日本政府在兒童節當天公布的兒童比例為三・三%。

大略比較一下，六十年前的兒童人口與成人人口的比例是一比二，而二〇一〇年兩者比例竟然超過一比六。這也表示看管小孩的大人人數愈來愈多。

就大人本身的生活層面而言，也有值得注意的變化。六十年前煮飯、洗衣服等家事都要動手花時間去做，但現在只要一個按鍵就能完成所有家事，輕鬆許多。也因此帶來了另一種現象，父母將心理和時間上所增加的餘裕，用來「傾注於孩子的教育和教養上」。

隨著補習熱潮和自然環境破壞造成戶外遊樂場所減少，孩子得以遠離大人監視、放鬆心情自在生活的空間也跟著被剝奪了，在做一點「壞事」被抓到就等著挨罵的現況下，孩子想保有一點小秘密都相當困難。

無論是好是壞，父母的影響力愈來愈大。目前在育兒階段中的父母，經歷了一九七〇年代（昭和四十五年）前後的「少子化時代第一期」，這個世代的父母們親身體驗了緊密的親子關係對彼此的重大影響。他們將這樣的關係視理所當然，也抱持著這樣信念為人父母。因此，也可以說未來的父母必然會將過剩的精力，全部投注在持續減少的孩子身上。一旦如此，父母原本能發揮正面效用的「守護力」，還會全面升級為「過度保護」，使得「膨脹的母性」進一步吞噬孩子。

做不到「適當管教」的父母

當父母強勢要求「必須這麼做」進行指導，會演變成扭曲的「支配」，往往導致孩子因為恐懼而迫於順從父母。父母會失去「中庸」的管教之道。

只要父母沒有好好將「完全交給孩子去做，不要插手」謹記於心，孩子就無法學會自動自發，這就是現代的親子關係。

寫到這裡，我不禁覺得感慨，腦中回憶起自己的幼年時期，那大約是一九七〇年，那個年代的孩子還可以具有許多「小孩的秘密」。

讀小學的時候，我住在都市的住宅區。社區後面就有一座小山，孩子們將山坡斜面上的窟窿挖大，形成洞穴。這個洞穴剛好可以容納五個人。帶頭的我帶領左鄰右舍的小孩進入這個洞穴，隨性聊天直到天黑。天色暗下來以後，就會有父母大聲喊著名字，叫小孩回家吃飯。「噓！」所有人立刻安靜下來。這是小孩的秘密基地，所有家長都不知道有這個洞穴。孩子之間產生連帶感，既期待又開心的來到這裡……

很多讀者應該都有這樣的回憶吧。當時十四歲以下的幼年人口比例占二四％，這樣的時代背景造就了這種隨處可見的情景。如今日本兒童人口比例滑落至一三％，親子關係也隨之徹底變質。

「教養」變成「命令」，最後演變成父母的「枷鎖」

學校教育則更將孩子逼向死胡同。

長期以來社會批評「家庭的教育力低下」，然而，到底「教育力」指的是什麼？由於切入點不同，「提升教育力」這句口號是對也是錯。

教育包含廣泛的活動。日本目前已經不再實施的「寬鬆教育*」以及「尊重個體」、「因材施教」等價值，都是打造教育核心的重要方針。「責罵」、「堅決的態度」及「父母的威嚴」等教育想法也是如此。前者與後者看起來似乎是兩種極端的教育立場，然而這種區別是膚淺且沒有意義的。我認為任何教育方法，最重要的都是打造一個場域，促進孩子與大人之間進行豐富的心靈交流，相互學習。

「現在的小孩很沒有規矩，所以家庭才需要嚴格的管教」。

在這個少子化的速度遠超過自認聰明的大人所預測的時代，我堅決反對站在這樣的觀點上，去強化父母的教育力。

因為孩子背負著太多來自父母的壓力、父母的管教容易變成過度干涉，孩子不斷遭到否定，最後產生的弊端就是孩子難以培養自發性和自尊心等健全人格。

目前，早期「教養」階段最必須注意的問題就是，避免讓教養成為以實施管教的人為中心的「命令」，並形成對青春期孩子的「枷鎖」。我希望所有人都知道，

*譯注：「寬鬆教育」是日本對二〇〇二年度以後中小學、二〇〇三年度入學高中生實施的教育綱要，這個世代的孩子大約是一九八七年四月至二〇〇四年三月出生，被視為在溫室中成長的一代。

在少子化的時代，從「教養」走向「命令」並演變成「枷鎖」，是存在於每個家庭的危險。

那麼，該怎麼做才能避免這種狀況發生？

為了發揮家庭的教育功能，應該首重能夠提升孩子自發性和自尊心的「認同」、「容許」、「理解」等母性功能為優先。一般來說，孩子出生以後，一開始的親子關係以母子關係為主，隨著成長加入父子關係，並且在最後學會適應嚴格的父系社會原理，而我們應該在這整體過程中檢討家庭的教育力。

屏除個別家庭的差異，僅依賴輕率且偏頗的「區域性教育力」，孩子便有可能會被更大的強制力壓垮。

「打招呼運動」是日本全國所推廣的「心靈教育」中，頗具代表性的一個。「走在路上，請大聲的向人問好」，可以說是相當制式化的教養運動。我們經常可以看到家長會等組織的成員，輪班上陣擔任「榜樣」，在上下學的時間站在路上，對著來來往往的學童打招呼。擔任路口導護的志工媽媽說「早安」，聽見問好的學童一樣回應「早安」，這是一種表面上的制式行為，是毫無心靈交流的。按照社會期待回應大人的問候，孩子就能得到讚賞。但或許孩子是心不甘情不願的問好，等陌生的大人消失在自己的視線後，才會不屑的說著「真煩！」

就像這樣，採取這種只維持外觀光鮮亮麗的教育，在「教育」的美名之下，便會隱藏著許多孩子的感受，成為大人的盲點。換句話說，社會教育孩子「做做樣子就好」，儼然在指導孩子演一齣「鬧劇」。沒有用心的問候，就不是真的互動。就算在講究客套的大人的社會裡，必須這麼做以合乎禮節，但是從小灌輸這樣的思想，我認為是相當令人遺憾的做法。

我之所以會將打招呼運動當作「鬧劇」是有原因的。我在小學高年級的時候，發現用早熟的態度和對的方式打招呼，就能取悅大人和爸媽，所以會刻意去表現出那種樣子。大人以為我是真心的，開心的大讚我「很乖」。

過去，孩子具有自己的寬廣世界和秘密空間。在孩子幾乎被剝奪這些東西的現代，所有地方社會的大人，聯合起來教育（管教）為數較少的孩子，這會引發什麼問題？處於隨時隨地都被監督的狀態下，孩子無法遠離大人視線，在生活中好好喘口氣。孩子原本對知識的好奇心，敗給害怕被大人責備的心理，未能獲得滿足，逐漸形成無法自行判斷選擇、實踐且缺乏自發性的性格。

相反的，如果能夠不要壓抑孩子，充分發揮認同、接納等社會的教育功能，我們就能期待孩子對自身的存在感到喜悅，建立起生命中寶貴的自尊心。在家庭中接受過度嚴苛管教的孩子，或許也能因此得到解救。為了彌補家庭教育力的不足，大人應該平等對待家家戶戶的孩子、不分你我，對於共同生活在同一個地區感到喜樂，打造一個能夠分享喜悅的地方性社會。

如此一來，相信幾年後孩子心中大人的心靈顏色，就會降低「黑色」和「灰色」出現的比例吧。

「危險孩子」的未來值得期待

當孩子無法對父母保有「適度的秘密」，會發生什麼狀況呢？我要介紹一個我親自經手的案例。

正浩是一名國三生。這個階段的男生，很少有人會主動找心理諮商師表示「有話想說」。他一來就提到一本我寫的書的書名，指出裡面的特定登場人物說：「我和那個女生一模一樣。」那本書的題材是一個少女努力想要變成「成績優秀的好孩子」，以日記和插畫的形式，描寫少女經歷苦惱到心靈獲得治癒的過程。越是想成為好孩子，心裡的感受就越是相反，也就是內心的「魔鬼」日益茁壯。最後，心在好孩子和魔鬼之間搖擺不定，與家人之間的激烈衝突也持續了多年。「我心裡也住著惡魔。」正浩說。我問：「為什麼你覺得那是惡魔？」「因為我想殺人。」他這麼回答。至於想殺人的理由，正浩舉了戰爭、破壞大自然、貪汙、醜聞、虐待動物、歧視等為例，表示「世界上的人類幹盡壞事」。

我發現，他眼中的「壞人」，指的是在人類社會中具有領導地位的人。

他的父親是大學醫院的醫師，母親曾做過小學老師。生長在注重教育的家庭環境中，他自小就積極補習和學才藝，不僅在校成績優異，還是學生會的幹部。他是父母引以為傲的孩子。但是到了國中，他突然察覺「自己的內心存在著魔鬼」，並感到不安。當然，他沒向父母提過這件事。

正浩應是感覺自身特殊變化的重要性，所以才來找我諮商吧。

我聽著他的話，想起二〇〇〇年一名十七歲少年挾持巴士的社會事件。這位年輕犯人被逮捕後，在警方的偵訊過程中表示「另一個自己命令自己殺人。」他的在校成績也相當優異，國中以前都名列前十名，升上高中後才開始出現不適應校園生活的狀況。

主動前來諮商的國中生與挾持巴士的少年之間的共通點是，他們的父母都相信「贏在起跑點，未來才會幸福」，施行菁英教育，過度關注孩子。

「不讀書的小孩」普遍會被社會視為問題。但是，在我舉的案例中，呈現的是「功課好的小孩」的問題，這一點或許會令人感到意外。不過，我希望大眾能夠正視「會讀書的孩子，不一定具有健全的人格」這個真相。

正浩「內心想殺人的惡魔」後來怎麼了呢？他在接受我的諮商，訂定「不再為了考試而唸書，讓成績變差」的「新目標」後，看起來變得輕鬆許多。

孩子的求救訊號受到忽視

我第一次看到晴人的遺書，是在他燒炭自殺過世的半年後。晴人的母親自責的說「變成這樣都是我的錯」，帶著這封遺書前來找我諮商。他留下好幾封遺書，其中一封是特別寫給母親的。

「很抱歉做了這樣的選擇」、「我愛你們」、「謝謝你們一直以來的付出」，遺書中溫柔的一字一句，皆充滿了對家人的感念。但是，讓母親震驚不已的是，遺書中寫著她身為母親三十幾年來，從未發現過的事實。

晴人從小學一年級就開始補習，他一路以模範生的身分升學，畢業後進入知名大企業就職。在職場上頗受重用，升遷也快。母親始終相信他將具有一個璀燦的未來。然而在這種時候，晴人卻突然自殺了。

晴人在遺書中揭露許多關於自己的「真實面貌」。他從國中就有「想死」的念頭、進入職場後對賭博成癮、欠下巨額賭債等。晴人在青春期繼續扮演「好孩子」，為了避免讓別人發現自己負面的一面，勉強自己表現出「好孩子」、「好人」的樣子。結果，他的母親哭著後悔自己太晚察覺，認為一定是自己一頭熱的過度關注孩子的學業，才會導致孩子結束了自己短促的一生。

第3章　面具下的壓力爆發，孩子情緒的行動化

脫不掉的面具

「面具」指的是隱藏自己真實的感受，在他人面前表現出偽裝的樣子。就像我在前面第二章談到的，現代的孩子不是在陌生人前，而是得在父母和教師面前掩飾自己，這是個嚴重的問題。我必須呼籲大眾關注這個事態。

面具原本是可以由自己決定要戴上或脫下的「工具」。也可以決定要戴上哪一個面具。請想像化裝舞會的場景，戴上面具的時候，我們可以自由變身成任何人。而舞會結束、離開會場並脫下面具，就能做回自己。

「隨機應變，照自己的意願自由運用」，是面具原本的運用方法。

「人格」一詞的英文是「personality」，語源來自拉丁文的「persona」。Persona的意思是「面具」。也就是我們的個性，可以隨時機和場合彈性變化。但是這樣的

彈性已經不再適用於現代社會，我們逐漸失去面具的優點。未來會變成怎麼樣？觀察眼前的現實，就不禁令人產生悲觀的預測。

就像我在上一章提到的，能夠自主的戴上、脫下面具，意味著青春期孩子的健全成長。例如，對父母隱瞞事情避免挨罵、在他們面前假裝沒事的樣子，或在朋友面前調侃自己的失敗，說爸媽和老師的壞話，也可以無拘無束的運用「真的假的、太瞎了」等時下年輕人的用語。有時候朋友間互相掩護，和「狐群狗黨」在一起時，可以自在的做自己。用另外一種模樣出現在「煩人」的大人面前，不必在意不可靠的大人。

為了讓孩子可以依自己的意願穿戴面具，前提是孩子必須能自覺自己內心的各種情感，並自主評斷。

「我討厭媽媽叫我念書，囉嗦個不停！」

「那個輔導老師專門針對我，真令人火大！」

孩子為了適應環境，不會在過度介入的父母和「以訓導學生為職責」的教師面前，說出這類負面的真心話。他們戴上「順從」的面具，等待度過危險的時刻。全心投入於孩子教養和教育而失去心靈餘裕的大人，察覺不到孩子以這樣的方式隱藏真實的想法。更不會去懷疑映入眼簾的是「孩子偽裝出來的面貌」。

我覺得從近來青春期孩子的身上，都看得到一個重大的變異。過去，面具在不必要的場合下可以卸下，但現在的孩子卻無時無刻都戴著面具。不僅在父母和老師面前，在朋友之間甚至獨處的時候，也經常戴著同一張面具。

這樣的孩子沒有自覺到，面具已經逐漸變成他們的真實面貌，看不清自己真正的感受。愈是「成熟的孩子」、「沒有主見的小孩」、「認真的小孩」、「用功的小孩」、「獨立的小孩」，這種傾向越強。

這些孩子忘記自己被迫持續戴著面具。原本是被大人貼上的標籤，他們卻誤以為是自己貼上的，完全沒有想撕下的意念。

像這樣「無法自行卸下面具的孩子」進入青春期之後，在某個時機點下，容易突然做出令人難以置信的事。這類事件通常被社會認為是逃避的行為，包括「品學兼優的學生」犯罪、自殺、霸凌、飲食失調、恐慌症發作、扭曲的性觀念、分不清現實與妄想等。這些事件層出不窮，每每引發社會騷動。

接下來，我想探討讓孩子封閉真心，不卸下面具的原因。

手腕傷痕的傾訴

當孩子習慣了一直戴著面具，不知不覺中「另一個自己」就會開始恣意行動。前一章介紹的案例是自覺到這個現象的孩子主動找我諮商，然而如果演變成控制不了另一個自己的狀態，就已經到了必須尋求專家援助的地步。一般大人必須做的是，找出這些處於灰色地帶的孩子，及早察覺他們在假面具與真實面貌之間的差異，這樣的孩子可能多到超乎大人的想像。而與孩子生活最貼近的父母甚至也很難察覺，因為孩子內心通常存在著「不想被父母發現」的想法。

讓我們來探討「自傷行為」這個處於「灰色地帶」的問題。所謂自傷行為指的是以美工刀或剃刀等利刃割腕或劃手臂，傷害自己的手腕或手臂的行為。我希望閱讀本書的讀者們，都能理解這樣的自虐性「象徵父母與女兒的關係」。換句話說，我想特別強調一點，「重新建構親子關係」才有可能治癒女兒的心靈。

到底有多少女孩有過自傷行為的經驗？我在約七年前針對大學生進行調查，結果顯示有近八%的女性表示曾經自我傷害。其實這並不是駭人聽聞的數據，其他研究人員實施調查後也得到相似的數據，約每十幾個人當中，就有一名女大生「有過自傷行為」。這種行為本身就會嚇到父母。

將八%的數據套用到國中的班級中，則平均每班有一至二人曾經有過自傷行為的經驗。但在學校擔任過輔導老師的我，不禁懷疑「有這麼少嗎？」我針對大學生實施問卷調查（後面會介紹詳細內容）時，就有不少醫師和教師對於各地自傷行為增加的現象感到「異常」，並於二〇〇六年起針對日本各地進行持續性的調查。並且，以日本全國學校保健室老師為對象的大規模調查結果公布後，報告中也指出「有些班級全班的女學生都有過自傷經驗」這個令人譁然的事實。調查結果也證實，我擔任輔導老師期間輔導過的某國中二年級的班級中，有五名學生曾經割腕。

雖然剛剛提到「灰色地帶」這個詞，但我們也不必斷定這些割腕的孩子，有立即的「生命危險」。因為有不少孩子是因為「大家都在做，所以我也做」的好奇心使然而割腕，很快就覺得無聊了。她們無法控制「另一個自己」的時間也相當短暫。如果及早發現問題，就有很大的機會讓這些孩子恢復身心健康。

為什麼女孩會對自傷行為有興趣？為什麼看到血會產生愉悅感，沉迷於割腕？我要介紹一個發生在學校保健室的「事件」，這是瞭解她們想法的關鍵。

在日本，對於在學校筋疲力盡的孩子而言，保健室的存在宛如避難所，因此保健室老師不能用父性原理，而應站在母性的立場去關懷孩子的問題。案例中該所學校的保健室老師帶有十足的「母性形象」，會接受學生們一定程度的「任性」，還會聆聽孩子說話。所以，有愈來愈多的學生表示「待在教室很不舒服」，喜歡跑到保健室休息，最後變成學生爭先恐後的對保健室老師撒嬌。

一名學生割傷自己的手腕，老師發現後便特別關心這位學生。令人驚訝的是，其他學生也相繼出現割腕的自傷行為，彷彿變成一種傳染病。也就是說，很多學生為了得到老師的特別關愛，把傷口割得愈來愈深。這位熱心處理學生問題的老師，最後因為罹患精神疾病而留職停薪。

就是這樣。少女們在這位老師的身上，看見「理想的母親形象」。並且，渴望這樣的母親為自己操心、煩惱。

因此少女們才會讓這位老師看到自己對其他老師隱瞞的手腕傷口。

也有很多孩子基於相同的思考邏輯，給我看自己的傷、在諮商期間企圖傷害自己、在寄給我的 e-mail 中附上自己的照片等。他們在身為男性的我身上看到母性特質，而對我產生依賴。希望我能「理解」他們。

憤怒的大腦

自傷行為是將憤怒發洩在自己身上的典型行為，怒氣對外爆發會衍生傷害事件。最近，「乖孩子」傷害、殺害父母和家人的事件頻傳。二〇〇六年在奈良縣有一名就讀日本全國高升學率明星高中，立志成為醫生的男性學生在自家縱火，造成繼母和妹妹等三人死亡。從他小時候在作文中寫道「想成為跟父親一樣的人」，就知道他相當尊敬父親，但他的在內心深處，對於以暴力逼迫自己用功念書的父親，卻愈來愈感到恐懼和憎恨。在這個案例中，沒有人察覺他的心是「由假面具和真心組成的雙重結構」。

憤怒爆發的瞬間。這個瞬間，腦中究竟出現什麼變化？我將進一步說明這些現象。

平時言行舉止成熟的孩子滋事後，經常會說自己「突然很生氣」作為辯解。也有孩子會說「我不知道自己在做什麼」或「記不清楚」。從這些內心的自白，我們可以看到憤怒的瞬間，心理狀態不同於平時。腦科學可以從腦部運作方式來說明人心，也就是情感和思考。心理劇變是腦部運作發生異常所導致的結果。研究指出，變異的程度可能會損害冷靜觀察、控制自己言行的能力。

奈良的那位高中生，縱火後潛逃到京都，因為在逃亡地「太想看世界盃足球賽」而潛入民宅看電視。他的犯行對社會帶來嚴重衝擊的同時，行為卻令人匪夷所思。

這個少年在縱火時，和「想看世界盃足球賽」而打開電視時，腦部運作方式截然不同。因此，才會產生如此非連續性和缺乏統合性的行為。

專家對於「大動肝火」時，腦的運作方式已經有深入瞭解，在這裡我把它簡化稱為「舊腦與新腦的平衡」。舊腦位於大腦中央（脖子根部深處），是在動物進化成人類前就存在的部位，與本能和衝動等息息相關。相較於此，新腦是位於眼球上方額葉的一部分，主要職掌理性。這兩者的作用相反，維持功能平衡非常重要。

所謂「維持平衡」指的是新舊兩個腦合作無間。例如，當一個人面臨險境，並不會慢條斯理的思考對策，而是應該立即（本能性的）逃跑才對。逃跑指令是由舊腦發出。相反的，聽到不悅耳的話並感到憤怒時，必須抑制衝動，避免怒火上升或暴力相向，這個功能則是由新腦主導。如果新舊兩個腦的運作失去平衡，只有單方占優勢，就會造成場面「失控」。

「怒火上升」是因為舊腦接收到訊號後，直接將憤怒的情緒轉變成行動。因此，如果對方處於盛怒的狀態中，你也有理說不清。從小壟罩在恐懼等強烈壓力下的孩子容易產生這樣的傾向。同樣的，從小過著壓抑生活的「乖孩子」，他們的「舊腦」從來沒使用過，一旦受到刺激就有可能爆發，導致人生以悲劇收場。

人在邊說話邊思考之際，兩個腦會積極的合作。因此，面對處於「生氣」情緒的孩子時，只要有耐心的聆聽，就有助於讓他們的腦部運作恢復平衡。

接著，我也要從腦內荷爾蒙分泌異常的觀點來說明憤怒時的腦部機制。「腦內荷爾蒙」的正確說法其實是腦部神經傳遞物。在目前已發現的近兩百種物質當中，常受到矚目的是「血清素」。血清素對人的精神活動會產生重大影響，必要時腦部會分泌大量血清素，使腦中充滿血清素，但如果持續處於壓力之下，就會阻礙血清素的分泌。研究報告證明，缺乏血清素不僅會使人變得憂鬱，還會產生強烈的攻擊性。

這裡提到的兩個面向，也就是「新腦與舊腦合作機制瓦解」和「缺乏腦部神經傳遞物」，其實是相應相生的。處於「憤怒」等特殊情緒中時，基本上有部分原因是由於腦部運作，因此無法只靠個人意志來處理這樣的情緒。

只追究孩子的行為責任和糾正不當行為，通常沒什麼效用。

少女遺留下的部落格

部落格是個人可以在網路上輕鬆製作的專屬日記式布告欄。除了喜歡打電腦的男性很早就對此感到興趣之外，上至媽媽下至小學生，都很流行寫「自己的部落格」。如果電腦可以連接網路，就算覺得「自己不會用電腦」的人，只要有心嘗試，都可以輕鬆擁有自己的部落格。近來，簡易版的部落格「Twitter」由於操作簡單，成為盛行全球的社群網路。

最近，我詳細調查了捲入不幸事件的人所寫的部落格內容。由於個人可以在部落格上自由書寫自己的想法和心情，部落格同時也是一種傳播訊息的媒體，因此部落格主人可以一邊意識著讀者的存在，一邊選擇表達方式，也可以刻意形塑另一個與原本的自己截然不同的人格作為書寫者。很多戴上面具的孩子，都會在部落格上紀錄不為大人所知的內心世界。

因此，部落格的內容，有助於理解孩子的心理狀態，避免再度發生相同的憾事。

大家應該都有聽過「2ch 論壇（類似台灣的PTT或Dcard）」，它的規模不同於個人經營的部落格，而是巨大的留言板集合體。在這個論壇中，所有人都可以設定主題、開立「討論串」，相互交換意見（也有很多誹謗中傷），卻也出現了留言刺激人心，擴大人心黑暗面的現象。例如二〇〇〇年五月三日，前述案例中的十七歲少年，在「2ch 論壇」與其他運用者發生糾紛，並留下「嘻嘻嘻嘻嘻」的回應，這個糾紛成了他挾持巴士的導火線。從「嘻嘻嘻嘻嘻」這五個字，我們就可以看出他已經無法控制心底湧出的衝動。後來，他更被發現在電腦中留下「內心的另一個人叫我去殺人。救救我。」等字句。

二〇〇四年六月一日，日本發生一起小學六年級的女學生，在校內殺害好友的悲痛事件。小學生、女童、利刃，這之間的反差之大，讓整個社會深感悲痛，對於孩子的心靈變化感到震驚不已。如果我們無法記取這類悲劇帶來的教訓，加害兒（家族）和被害兒（遺族）雙方就都無法走出陰霾。

這裡我將犯下這起事件的女童稱為「小愛」。身為小學生的小愛也有自己的部落格，事件發生前一天，她還持續發表文章。仔細閱讀她寫的內容，可以發現她的內心已經產生明顯的變化，並發出「求救」訊號。如果這些告白的話語不是寫在虛擬世界，而是向現實生活中「懂她的人」發出，或許就不會發生如此令人遺憾的事。

依時序觀察她的部落格日誌，可以從外觀上看到她心裡有兩次重大的變化。在網路上，個人可以為自己取任何名字，這個名字即是暱稱。相同的，也可以自由組合網站提供的素材，製作全身的代表圖像，稱為「頭像」，可以將之視為個人在網路上的人格。

小愛放在日誌中的頭像，在五年級結束的二月中旬，和剛升上六年級時的黃金周期間，出現過巨大變化，修改過後就沒有再回復原來的樣子。

一開始的頭像，是一個具有小學生外貌的黑髮少女。接著，圖像的頭髮和鬆型變得成熟，失去小孩應有的樣貌。最後，圖像的臉已經不是人類，而是換成南瓜。

小愛設定的圖像，產生「女孩」↓「成熟女性」↓「非人類」的變化。如次頁圖4。

從改變前後的日誌內容，我們可以一窺她當時的心境。「女孩」時期的她，經常寫到籃球社團的事情。但是到了「成熟」時期，她開始以「詩@無法饒恕」為筆名，寫下「爸爸媽媽最好通通消失」等等痛批他人的言語。黃金周開始的前一天，四月三十日，她寫道「或許從明天起我就變了」，彷彿在預告自己即將發生劇烈的變化，最後到了五月三日，她將圖像換成「非人類」的樣貌。這則將圖像換成南瓜頭的日誌標題是「回憶」，並提到她突然失去當天的記憶。

我不在這裡說明是什麼原因造成她內心的變化，而是想針對這個兩階段式的劇烈變化，也就是三種心理狀態所蘊藏的意義進行分析。

「女孩」圖像代表努力回應她人期待、充滿活力的小女生。「成熟女性」代表原本藏在她內心深處、充滿不滿和憤怒的心開始活躍起來，浮現至意識裡。從將圖像換成成熟女性的行為中，我們可以知道小愛本身的自我形象也逐漸變質。「南瓜」意味著負面情感支配著努力的孩子（理性），取得主導權的狀態。並且，她以這樣的心理狀態，迎接案發當天。案發前一天，她以「討厭的班級」為標題，寫下各種辱罵同學的話。

小愛同時具有「乖孩子」和「壞孩子」的心，五年級以前她一直扮演「乖孩子」的角色，但升上六年級之後，她開始變成「壞孩子」，成績一路下滑，沒有人察覺

五年級，2 月 15 日以前

五年級，2 月 18 日以後

六年級，5 月 3 日以後

圖 4　少女部落格中的「頭像」變化

到她的異狀、也沒有人伸出援手，她就這樣來到了事發當天。

「令人感到驕傲的學生」發自內心的吶喊

接下來，我要介紹的也是由隱藏在部落格中的「另一個自己」所引發的悲劇，阿優就讀日本某縣明星高中三年級，是該校的資優生。阿優是該校「引以為傲的學生」之一，一打開學校的網站，就可以看到他的照片和名字被放在首頁的顯眼處。

他發揮天賦異稟的攝影才能，在縣內的攝影比賽中獲得優勝獎。

他的作品通常是主題式照片，從各個角度拍攝動物、靜物及風景等。他拍攝的作品，特色是同一個被攝物基本上是彩色的，而右側則以黑白色調呈現，作為呼應。值得特別提到的是，他拍攝的動物照片，很多都是面無表情的狀態。

我從阿優表現作品的方式，看到由彩色的現實世界和他內心深層的隱形黑白世界所組成的對立構圖，也就是一種雙重性，前者代表「光＝乖孩子」，後者代表「陰影＝壞孩子」。他寫下的日誌標題，充分顯示出這個解釋的正確性。他在高二開始經營部落格。停筆於升上三年級後的六月二十九日，也就是他在課堂中以利刃刺傷朋友的前一天。在校表現優異的他，以殺人未遂的罪名遭到逮捕，讓自己「輝煌的人生」黯然落幕。

他剛開始經營部落格時，用英文寫了下面這句「摘要」，同時翻譯成日文。

If this site make* you happy, it is happy for me.

如果這個網誌帶給你一絲感動和幸福的感覺，那就是我的快樂。

行兇前一天，他寫下的句子帶有濃厚的「警告」意味，也沒有翻譯成日文。

〈〉內的文字是我的翻譯。

Think and doubt all.

If you want to know it.

〈在思考中質疑一切。如果你想知道真相。〉

*譯註：正確的文法應該是makes。

阿優一開始經營部落格時，曾經希望「自己可以讓別人幸福」。但是他漸漸發現，符合大人期待的那個品學兼優的孩子（自己），內心存在著光影的雙重構造。我推測他是在陰影部分失控前，在部落格留下這些訊息。不被眼前的功績等「光」所迷惑，質疑「光」才能知道真相。察覺自己已經無法控制內心的陰影的他，應該是竭盡所能後，才得以留下這些訊息吧。

除了這個標題，他也將形同廢墟的人類世界比擬為「死亡」，給予毫不留情的批判。

同樣的，這起事件讓我沉痛的想起另一位高中女學生，在部落格寫下源自心靈的吶喊，並發生脫序行為。我將她化名為聖子。聖子的化學知識豐富，甚至超過高中的化學老師，是一位個性成熟低調、認真的學生。她在自己的部落格中寫下許多詩詞，其中最引起我注意的，是二〇〇五年七月十一日寫下的一首「發條人偶師」。

能和你在一起真的很開心。
我們要永遠在一起。

我的摯愛。我會成為你想要的樣子，守護著你。
我是你的守護者，你塑造的人格是我。
我會盡忠職守。為了你，我願意付出一切。

我是你的軍隊，我是你的玩具，我是你的主人，我是你的幻想，
你是我的情人，你是我的理想，你是我的慰藉，你是我所待的空間，
你是我，我是你，就這樣我們是彼此不同的存在，
我們在互補、互相撫慰，互相需要之下生存。

有一方製造了對方，另一方也製造了對方。
就像發條人偶師，我們是相互需要的彼此，
存在於同一個體內。
外面的我和掩藏的你，

只能共同存在於夢裡。

在這個部落格，（原文中）聖子以「僕*」來自稱，偽裝自己的性別。從這一點，我觀察出她沒有接納自己，而是塑造出另一顆心，並賦予這顆心其他人格。

在詩（日記）中，她將自己定義為「我是你的守護者，你塑造的人格是我」。並且宣示「我會盡忠職守。為了你，我願意付出一切」。這個「我」的功能，恐怕是用來在虛擬世界裡，滿足她所壓抑的欲望。從標題「發條人偶師」中，可以看到這個「我」已經湧出至現實世界。

人偶師是聖子所形塑的「我」。「我」操縱著身為人偶的她。而作為操縱主體的人偶師，其實也是由發條裝置來驅動，形成兩個層級的操控結構。

當事者克制不了的巨大支配力量，大範圍侵襲心思敏感的青春期孩子們。這些支配的力量，將過大且偏執的期待加諸於孩子身上，來自於成人社會。

---

*譯註：日文一般只有男性才會自稱「僕」。

第4章 孩子是家庭功能的一環

從「開心果」變成「資優生」

本書的案例，以我實際接觸過的青春期和青春期前後階段的孩子為主。為什麼孩子會發生這些「問題」？父母又該如何理出「解決」問題的頭緒？或許你會覺得有一些我介紹的案例屬於「特殊情況」，和你的家庭扯不上關係。但是我希望你記住，在現在這個時代，每一個家庭都無法將這些問題置之度外。

孩子成長於各種不同的環境，在不知不覺中形成獨特的個性，因此我將在本章中把孩子的個性歸類出幾種類型。

各位讀者不妨從思考「為什麼孩子出現那種行為？」開始做起，使自己感到有必要以新的眼光去認識孩子的心理。父母必須瞭解到「那種行為」背後一定有其原因，而這也是孩子在家中扮演必要「角色」所帶來的後果。

這裡所說的「角色」是指一個家庭看起來正常穩定，但其實關係扭曲，孩子為了轉移焦點，使父母忽略真正的問題所採取的態度。我將這些態度的典型例子，區分為接下來要介紹的幾種「類型」。

首先，來介紹一個發生在認真少年身上的悲劇。

時間回到某一天的會談室。在我眼前坐著一對雙眼紅腫，看起來筋疲力盡的父母。他們兩個人因為「不知道怎麼和孩子互動」而前來諮商。倆人育有一個十八歲的兒子，名字叫做翔太。翔太因為犯下某起「事件」，目前正在日本的少年監獄服刑中。倆人一致認為這是「父母的責任」。他們認真想過，為了彌補對孩子的虧欠，想要在每個月限制一次的家屬接見中和他深談，幫助他在幾年後可以順利重回社會（目前日本修法後，家屬接見次數放寬至每個月兩次）。

事件發生前，這對父母與長男翔太、祖父四人三代同堂。這對父母在祖父開設的醫院擔任醫師，看在旁人的眼裡是教育程度很高的美好家庭。但是，翔太在高中即將畢業的時候，不僅對祖父出現毆打、踢踹等暴力行為，最後還殺了祖父。對於這位父親而言，自己的父親和孩子同時成為殺人案件中的受害者和加害者，內心百感交集，情緒瀕臨崩潰邊緣。

已經發生的事情無法挽回。為了讓他們未來得以重建親子關係，諮商時我主要著眼於了解事件發生前翔太的性格和行為。

翔太一直以來都是「不會給人添麻煩」的小孩。但是上了五年級之後，個性不變。四年級時的他不喜歡念書、成績差，但個性開朗、愛笑，是個會逗人哈哈大笑的「開心果」。升上五年級後，他突然發憤圖強，雖然變得更加不愛笑，成績卻突飛猛進，變成學校的「資優生」。

以角色理論來看，翔太在小四以前是「小丑（開心果）」，從小五開始突然轉變為「英雄*（資優生）」。

小丑可以為關係緊張冰冷的家庭帶來歡笑和放鬆的效果。在父母爭吵頻繁等氣氛緊繃的家庭中成長的孩子，很多都具有這樣的特質。這些孩子在學校大多負責搞笑，言行舉止輕浮，有時候還會被認為是「蠢蛋」而成為被霸凌的對象。他們就算

---

*譯註：美國心理諮商師Wayne Kritsberg在所著《The Adult Children of Alcoholics Syndrome》中，將酗酒者家庭中幼兒出現成人兒童化的行為，分為英雄（hero）、代罪羔羊（犧牲者scapegoa）、不存在的小孩（lost one）、撫慰者（placater）、小丑（clown）及照顧者（enabler）六種類型。

被欺負了，也一樣笑嘻嘻、吊兒郎當，所以旁人會誤以為他們完全不把被欺負當一回事。老師必須及早發現孩子屬於哪一種類型，以便給予心靈上的援助。

英雄角色就更棘手了。大人只看到孩子努力的成果，不顧一切的為他們加油，以致忽略了真正的問題。因此，家庭容易陷入短暫性的穩定。「功課好等於家教好」的社會刻板印象，還會推波助瀾。如果這麼做能夠保護家庭應有的「樣貌」，扮演英雄的孩子會認為「努力唸書可以取悅父母」，提升成績變成他們接下來行為動機，陷入愈來愈用功的惡性循環中。

翔太持續扮演英雄角色，順利進入知名的升學高中就讀，父母也因為兒子學業順利而安心不少。

但過了不久，翔太對於別人對自己的看法感到不安（即社交焦慮），因而不肯去上學。

事件發生的當天晚上，平時沉默寡言的祖父，僅略為斥責他「至少也要去上學」。這樣一句話，就足以毀了他耗盡精力維持的英雄角色。也因此，使他將所有壓抑在內心的憤怒，一口氣全都發洩在祖父身上。

孩子的願望與解離性家庭

從不惹事生非的乖孩子，就讀知名升學高中，因為祖父一句話而怒火中燒並殺害了祖父。翔太的心裡到底出了什麼問題？答案並不只在於事發前祖父說的那句話。從小學四年級以前的小丑角色，到小五開始扮演的英雄角色，他的整個成長過程都與這起事件密切相關。

他所扮演的小丑和英雄兩個角色的共通點在於，都不會讓大人擔心。兩種角色皆是孩子為了守護家庭和諧而積極展開的行動。我在與他的父母諮商的過程中發現，家庭的某些原因導致他必須放棄當個孩子，不讓自己為大人「添麻煩」，這些原因才是問題的根源，而我們應該藉由諮商讓這些因素攤在陽光下。

在與雙親的會談中，我總莫名的感到有種奇怪的氛圍。父母兩人交替發言，內容卻缺乏互補，論點不同，論調也不一致。兩個人說話時不會相互附和，更重要的是完全不看對方。這些無意識的舉動，大多隱含著問題的核心（送出警訊）。

因此我問她們「能不能麻煩你們面對面看著彼此？」「什麼？好的。」儘管他們露出狐疑的表情，還是配合的將臉轉向對方，然而他們面對面的瞬間，卻完全看不到任何情感上的交流。

接著，我對他們說：「那麼，能不能再請你們看著彼此微笑？」但這個動作對他們而言簡直有如登天之難。父親抱怨「太難了」，母親則低下頭。就像這樣，在這個「醫生家族」的容器中，顯然缺乏人與人之間最重要的情感交流。

這樣的家庭可以稱為「解離性家庭」。家庭成員拒絕心靈上的接觸，各自冷淡的過著每天的日常生活。

諮商的話題逐步深入，接著進入導致事況演變成如此的具體事件上。祖母生前經常與祖父爭執，每天吵得不可開交。祖父心情低落的時候，時常可以兩個月左右都不說話。而翔太的父母也都壓抑自身的情感，成天「皺著眉頭」，這個家的家庭關係很自然的就變成這樣。

然而，過了不久，母親像鼓起勇氣一樣說道：「我其實很討厭和公婆住在一起。」聽到妻子的真心話，丈夫以驚慌的表情望向妻子。

我緩緩的說：「翔太一定很想看到父母相視而笑的模樣。」兩人不斷輕輕的點頭。丈夫說：「雖然父母養育我成長，但仔細想想，他們性格相當陰鬱，令我感到厭惡。」妻子的表情自然的變得柔和。我叮嚀他們：「現在已經不必再隱藏真實的厭惡感了。」聽到我這麼一說，兩人就像豁然開朗一樣，用沉著的表情看著彼此。

「沒錯，帶著這樣的表情去看孩子就對了。」我們一起訂下目標，到少年監獄接見翔太時，要讓他親眼看到父母開心在一起的模樣。

事發前，翔太常常在需要和人見面前問父母：「見到人該說什麼？」一直戴著小丑和英雄這兩個「促進和諧的面具」，與他人接觸的他，不曉得到底該怎麼和別人進行心靈上的互動。忘記家人心靈溝通的父母，也沒有讓她學會這件事。

就這樣，翔太的父母抱著對「親子關係重新出發」的強烈渴望，前往少年監獄探視兒子。

存在感薄弱的孩子與小大人

目前為止，我與無數個青春期的孩子對話過。我不會忘記每一個孩子。因為每個人都有獨特的個性。回憶起這些經驗時，腦中不禁逐一浮現他（她）們的臉和話語。其中我記得最清楚的，是接下來要介紹的國中三年級生春花，那種沉痛感至今仍然深刻到令我揪心。

我一樣是透過學校的委託，認識了春花。校方事先向我說明這位學生「服裝儀容不整潔。讓人很擔心在家有沒有好好被照顧」、「在學校一句話都不說，非常沉默」。

在第一次會面中，春花坐在桌子對面，臉稍微朝下。對於我的問候，她當然也沒有回應。服裝儀容與老師的說法相符。頭髮黏膩、凌亂，還有頭皮屑，看起來像是好幾天沒洗頭一樣。她的白襯衫和深藍色裙子也都髒到不行，無論誰看到都會投以異樣眼光。就學校的調查，她的智力正常，應該有能力可以保持服裝儀容整潔。春花的內心到底怎麼了？

我耐心的以緩和而沉穩的語調和她說話，過了不久春花突然抬起頭來看著我。並且口齒清晰的開口說話。

春花在家裡也是沉默不語。因為她沒有交談的對象。她表示幾年前父親事業不順，父母便爭吵不斷。身為獨生女的她，從小就自己製造出回到家一律不聞不問的心靈狀態，每天只是靜靜的等待時間過去。她漸漸習慣「不問」↓「不說」↓「什麼都不做」↓「假裝自己不存在」的「生存方式」。

她的父母只顧著做自己的事，幾乎不關心小孩，就算同處於一個空間下，卻把她當成「不存在的孩子」。

小時候父母吵架時，春花還會哭著阻止，但父親怒斥她「真礙眼」，母親也用嫌棄的眼光看著她，因此她便放棄阻止她們爭執。這種「放棄」的心態延伸至與他人的人際關係上，她學會拒絕所有人，成為一個安靜的存在。

與春花的反應相反，有些孩子看到父母爭吵，就會想著「我來調解」，打起精神主動扮演大人的角色。其中有一種角色是可以圓滿調解父母爭吵的「和事佬」。基本上這種孩子擅於聆聽，聽過父母的爭吵內容後，甚至會整理雙方的詞，表達「爸爸的意思是○○。而媽媽則是認為◎◎吧」等意見。孩子還會勸架「那麼，不如這樣好了」或「聽起來是爸爸的想法比較奇怪」等，希望結束父母的爭吵。有些父母在無意識中也期待著孩子的「介入」。

另外一種大人的角色是「諮商師角色」，他們會走到吵輸的一方，通常是淚崩的母親身邊，說些「媽，你還好嗎」、「我跟媽媽站在同一陣線」等安慰的話。當媽媽以「謝謝你。多虧有你在媽媽才能撐下去」回應孩子，孩子就會想要繼續在家裡扮演相同的角色。

這就如同父母暗中對孩子施加壓力，希望他繼續扮演「諮商師角色」

這兩種角色的共通點是「明明是個孩子，卻無法像個孩子」。這種小孩通常被稱讚腦筋靈活、體貼溫和，父母也看不出任何問題，把他們當作救生船。然而，這種孩子已經形成嚴重的心理問題。身為「兒童」的他們，被迫放棄兒童時期才得以流露的幼稚情感，只留下嬌寵、悲傷、憤怒等負面情感。

他們就這樣忘記當「孩子」的感受，長大後成為活在創傷中的「成人化兒童」（Adult Children），即「小大人」。

另外，「成人化兒童」並不是正式的診斷名稱。這是泛指由於小時候被剝奪像個孩子的權利，成人之後依然感覺活得很累的大人們。如同我後續的說明，由於對於成人化兒童的觀點不同，所以眾說紛紜，但我認為只要察覺「自己是成人化兒童」就夠了。

如果能夠不再認為是「自己的錯」造成今天的痛苦，就能讓心靈變得輕盈。因為這麼做就能讓自己訂立新的目標。

如果您的家裡有正值青春期的孩子，希望您能多加注意，不要讓孩子太早「轉大人」。

看著父母吵架的小孩

正常的夫妻爭吵，會不會對孩子造成不良影響？思考這個問題之前，必須先檢討什麼是「夫妻爭吵」。也就是說，同樣一種夫妻互動，看在不同人的眼裡，有些人會覺得「吵得很兇」，有些人則認為是「一般的對話」，觀感會有很大的落差。

透過學校的委託，我接觸到「在學校對他人惡言相向」的國中一年級女生千里。我們向家長說明千里在學校的表現，但她們似乎不認為事態嚴重。因此，我提議先與千里的家長會談，而不是找當事人。

她的父母很快的一起出現在學校。稍微聽了他們的想法後，由於言談令我感到疑惑，於是我問起他們之間的相處模式。

兩人微笑相視，口徑一致的回答「我們感情很好」、「就像朋友一樣，什麼話都直說。」

對於這個說明不太理解的我，為了掌握他們倆相處的實際情況，便請他們再告訴我一些更具體的例子。

「例如，老公下班回到家時，誰會先開口?用什麼語氣?」

我這麼一問，妻子便說看見老公鞋子亂丟：「你什麼時候才可以把鞋子擺整齊啊！」丈夫被這麼一講，馬上反駁：「你憑什麼管我，你才散漫沒規矩吧！」就這樣一直互揭瘡疤。在旁邊聽的我，不禁覺得雙方講話都很毒。

「這就是感情很好的例子嗎?」我向他們確認，「沒錯。我們向來有話直說。」

兩人都毫不遲疑的回答，似乎認為以激烈口吻互相指責的關係，是真正「不會吵架、感情好的夫妻」。

如果父母持續採取這種溝通方式，處於相同語言交流空間下，完全浸淫於同一個語言交流空間中的千里，恐怕還會認為這就是正常的溝通模式，在學校與其他同學互動時，說話自然變得咄咄逼人或惡言相向。

夫妻屬於「親密且重要的親屬關係」，夫妻之間的溝通，對孩子的影響特別深。如果家長天天互相謾罵，孩子會產生錯誤的觀念，以為這就是親密的人之間的溝通方式。當然，千里並不自覺自己在欺負朋友。

那麼，怎麼溝通才算是感情好的夫妻，怎麼樣又算是「夫妻爭吵」？我認為可以透過下列特徵來定義夫妻爭吵。

①否定對方的想法和行為，強迫對方接受自己的意見。
②利用暴力和謾罵等力量，以達到上述目的。
③克制不住憤怒、悲傷等負面情感，無法冷靜。
④一旦發生衝突，最後一定要爭出輸贏，否則就是雙方以決裂收場。

千里的父母，也就是「自稱感情好的夫妻」，看起來③、④的特徵並不明顯，不過卻相當符合①和②的條件。尤其①的特徵，出自於主觀上堅信「自己是對的」，因此會對另一伴提出不合理的要求，陷入「相互控制」中。

當事人則不會察覺到這一點。

幾年前，我以大學生為對象實施問卷調查，針對兒童時期雙親之間的爭吵，提出幾個問題。從調查結果，我將家庭環境分成「夫妻爭吵頻繁的族群」和「夫妻爭吵次數少的族群」，再利用自我圖（Ego gram）這種簡易的心理測驗，調查兩個族群目前的性格差異，並將結果繪製為圖表（圖5）。

總結此次調查結果，可以發現在夫妻爭吵環境中長大的小孩，具有「對自己和他人帶有嚴格的批判眼光」（CP分數高）、「無法冷靜判斷」（A分數低）、「無法自由自在的展現自我」（FC分數低）、「遷就他人」（AC得分高）的傾向。

也就是說，我們可以總結為，夫妻爭吵會對孩子形成枷鎖，使孩子在生活中感到痛苦和喘不過氣的風險提高。

圖 5　夫妻爭吵頻率與小孩的個性（根據自我圖）

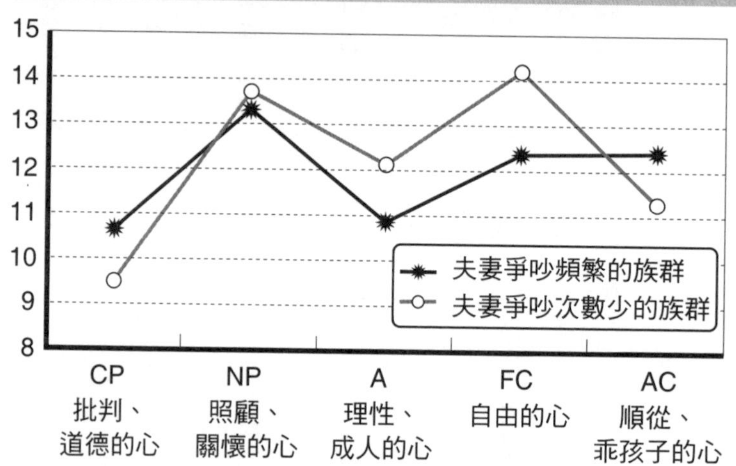

*注）針對 143 名女大學生實施調查的結果。相較於夫妻爭吵次數少的族群，夫妻爭吵頻繁的族群在 CP 和 AC 的得分較高，A 和 FC 的得分較低。

父母對孩子的影響

我們還可以從其他角度來分析「看著父母吵架的小孩」。

這些孩子在CP部分的得分較高，他們個人傾向於站在「必須是這樣」的道德高標準，不僅自己，同時也要求他人遵守這個標準。像這樣，他們希望別人聽自己的話，如果其他人不按照自己的要求去做，便容易出現指責行為。加上A的分數偏低，導致他們無法冷靜的檢視自己的標準，一旦被他人糾正，就可能衝動的毆打對方。從AC得分較高這一點，我們可以看出，表面上他們相當堅持自己的想法，然而其實他們對於他人的優勢和自己的劣勢非常敏感，而有迎合他人的傾向。FC的分數較低，表示他們經常在意他人的眼光，難以自在、舒適、自由、直爽的過生活，並且會壓抑情感，不輕易流露。

綜合這些特質，我們可以說這些孩子的個性，導致他們長大成家後，與父母一樣容易引發夫妻爭吵的狀況。意思是，看著父母吵架長大的小孩，不僅在成長階段會發生問題，成家立業後也容易延續夫妻爭吵的問題，這種未來性風險值得關注。

家庭的人際關係由父母這一代遺傳到孩子的現象，稱為「代間傳遞」。當父母之間產生扭曲的關係，孩子未來所組成的家庭還會遺傳到相同的問題，而代間傳遞的現象，最容易表現在親子的溝通方式上。我經常聽到很多人感嘆，小時候下定決心「絕對不要變得跟爸媽一樣」，但自己當了父母之後，才驚覺自己的行為跟父母如出一轍。我們似乎很難將身邊的人當作「負面教材」。

例如，可以從我針對暴力家庭，調查有多少比例暴力會從父母遺傳至孩子的結果，來說明這個現象。由於內容較專業，所以只要瞭解結果即可。這份調查的特別之處在於，分別調查兩個世代的教養方式，並對照兩個世代的溝通模式，以判斷是否有相似的地方。

這樣的調查在目前並不多見。

我稍微說明一下調查的過程。我們將裝有調查問卷組合的大信封，發送給大學生（男生三〇七人，女生五六〇人）。其中包括一份問卷調查表，請大學生本人回顧兒童時期（至國中為止）父母個別對自己採取的管教方式。調查表中有四十五個問題與虐待相關（身體虐待十三個、精神虐待十六個、兒童疏忽七個、性虐待九個），請受訪者自行判斷是否符合問題的描述，將填好的問卷郵寄回來給我。並且，調查問卷組合中，也放入了標示「給父親」、「給母親」的小信封，請大學生將小信封分別拿給自己的父母（父母皆為九三七人）。問題同於大學生的調查表，請父母回答後分別裝回小信封，密封後寄回。問卷採匿名方式實施，雖然無法看到姓名，不過同一組大學生・父親・母親的問卷調查表上都有標記條碼，因此回收問卷後，可依上面的條碼識別相同家庭的大學生及其父母，確認親子關係。

完整回收的三份調查表共有二二一份（男生七二人，女生一四九人），可作為統計用的有效資料。從有效資料的問卷分數中，不分虐待種類或程度，可以發現在部分家庭可以看到虐待的情況。

我將之歸類為「虐待傾向族群」，根據大學生和父母的性別因素，分析兩個世代的虐待傾向是否一致。

整體來看，如果上一個世代屬於虐待傾向族群，則下一個世代成為虐待傾向族群的比例，比非虐待族群高出約三〇％。這個數據，與我過去實施的調查結果相當接近。並且，更明顯且有趣的事實是，來自父親的代間傳遞在男生身上較明顯（五五％），在女生身上則幾乎看不到（二八％），相較於此，無論男女，來自母親的代間遺傳都非常顯著（男女皆接近六〇％）。過去並沒有諮商師和醫師，針對其所觀察到的代間傳遞的性別差異，進行過像這樣的統計調查。

我們也可以說，統計數據說明了女性傾向於受到母親的影響；女性會將原生家庭中學習的「母親角色」，繼續延伸至自己的後期生涯。再者，女性還有一個特徵是，伴隨著察覺到這一點，會產生亟欲切割的念頭。鼓起勇氣請求諮商師協助的人以女性居多，也間接顯示了上述論點。

另一方面，我從諮商的經驗中發現，男性雖受到父母深入的影響，卻很少意識到自己「身為父親的角色」，他們傾向於以「和自己無關」為由，拒絕正視自己的家庭。

三代同堂的矛盾與問題

當一個家庭中的成員經常說出「媳婦」一詞，描述家中的狀況時，就必須注意

「家庭角色」可能已經產生衝突。

隨著時代變遷，對於「媳婦」這個角色的看法也有了急遽的變化。不同的世代之間有分歧原本是很自然的事。問題在於思想上的巨大差異，有沒有導致「家庭」與「家庭」之間產生摩擦？例如，接受新式教育、具有強烈男女平等意識的女性，如果嫁到「對媳婦的觀念」較傳統的家庭，恐怕會發生衝突。

當我們考慮孩子的心靈成長，很重要的一點是，就算一位女性對於「家庭」而言是「媳婦」，但對於「孩子」而言，她依舊扮演著「母親」的角色。即使不同世代對媳婦這個角色的價值觀不一樣，只要孩子發出求救訊號，每個世代的家庭成員都要共同關心孩子的心靈成長。然而，我們必須克服許多心理難關，才會發現思想上的差距所衍生出來的紛爭，已經對孩子造成不良影響。

美枝子女士由於兩個就讀小學的女兒接連不去上學，讓她完全喪失當母親的自信，因此前來找我諮商。我聽了她的敘述之後，發現她的家庭對於媳婦這個角色的觀念，有很大的差距。

美枝子女士的丈夫，在心理上依舊非常依賴父母，無論是夫妻之間的相處或孩子的教養、教育問題，都無法自主決定。結果導致他把照顧孩子的責任全部交給妻子，也由於「娶媳婦進門」的意識相當強，所以他認為累的時候，可以拜託父母幫忙帶小孩。相反的，美枝子女士是小家庭的長女，只有學校放長假的時候，才會見到與自己住得很遠的爺爺奶奶，這樣的成長過程，讓她對長輩抱有「探望和藹的爺爺和奶奶，到很遠的地方玩」的印象。

然而，婚後生活打破了美枝子的美好印象。住在同一個屋簷下的公婆，不用她拜託，對養兒育女和家事就已經有「太多意見」。由於自己的作法和公婆的建議實在差太多，令她感到相當困擾。家事方面還可以努力配合，唯獨在管教孩子上較難遷就。孩子犯了一點小錯，婆婆就會雞蛋裡挑骨頭的說「都是因為美枝子沒教好」、「妳也改一改自己的行為吧」。

孩子察覺到她身為母親的焦慮。或許是因為這個緣故，女兒開始出現不想上學的行為徵兆。

她向丈夫說明這樣的情況，強烈表達不滿，最後決定在同一塊地上另建新屋，與公婆分開住，展開四個人獨立的家庭生活。原本以為這樣就可以解決問題，但事情卻變得更糟。因為女兒們變得更常往公婆的家跑。後來她終於知道，原來婆婆不斷跟女兒們說「媽媽不想讓妳們來看奶奶」、「媽媽老是對妳們發脾氣」等壞話，還用零食和零錢討好她們。

儘管美枝子女士告訴女兒們「不可以隨便到奶奶家」，但小學三年級的小女兒卻搬入奶奶家，完全變成很黏奶奶的小孩。小學五年級的大女兒則是跟她住，就這樣兩姊妹分開生活，各自成為另一個家庭的成員。那個時候，兩個孩子都已經完全不去上學。從「角色理論」來看，這是兩個女兒各自選一邊站，讓兩陣營打成和局，避免衝突升溫。

在諮商過程中，不只美枝子女士，後來也邀請她的丈夫和婆婆個別來到我的諮商室。我協助她的丈夫瞭解，自己必須給予妻子精神上的支持，婆婆能以「保持適當距離守護孫女，成為孫女心目中最喜歡的奶奶」為目標。婆婆明白這個道理，心裡卻難以認同，陷入好一陣子的膠著狀態，但當她決定面對自己一直以來的「忍耐、受苦及自我犧牲」，產生「就算不同情那樣的自己也沒關係」的想法後，在佛堂前狂哭了很久，經過這段混亂期，心裡終於逐漸可以放下媳婦和孫女。

看起來似乎沒有直接影響，但是世代之間的價值觀差距過大，會使孩子認知到應該由「自己出場」負責解決紛爭，就算小小的心靈感到悲傷，也想避免家庭分崩離散，因此無法像個孩子一樣自由自在的長大。

問題兒童的徵兆

最後一個孩子經常選擇扮演的角色是「代罪羔羊」。在日語中，「犧牲的羊」是比較通俗的概念。意思是為了全體利益，必須犧牲一個人。

也就是透過孩子的犧牲，維持團體的穩定。

我來具體說明個中的道理。如果一個家庭將某個成員視為「問題最大的人」，並持續責備他是「最壞的小孩」，就算父母、祖父母及兄弟等其他人之間的關係也有問題，關注這些問題的必要性還會降低。只要大家都把焦點集中於「這個小孩有問題」上，不健全的家庭狀態即會長久持續下去，導致真正的問題無法獲得改善。例如，即使夫妻關係相敬如冰，如果孩子一直出包，大家就會認為「問題出在小孩身上」，將心思放孩子身上，造成夫妻關係持續冰冷。

但是，這種「暫時性的穩定」是持續不久的。因為孩子的行為明顯有「問題」，所以家庭必須想辦法解決。有時候光靠家人的智慧還處理不了，必須仰賴外力協助。反過來講，也有可能是學校等外部機構發覺問題，並由校方主動介入。代罪羔羊是本章介紹的所有角色中最不幸的，然而他們發出的警訊卻也最容易被察覺到。當然，如果教師和諮商師等外部支援者誤判訊號，並貼上標籤一味指責是「孩子的問題」，那麼就失去意義了。

事實上，有許多在學校或公家機關等組織擔任諮商工作的人，缺乏找出問題的能力，或者每天業務繁雜而忽略孩子發出的警訊，這種情況早已司空見慣。實在令人覺得慘不忍睹。

當事人因為孩子的問題而前來諮商時，一開始我都會跟他們說「應該慶幸小孩做了那些事」。因為，正因為家長把孩子的行為看作「問題」，才會選擇找諮商師，希望重建家庭關係。

「還是要帶小孩一起來才有意義吧？」

經常有人提出這樣的疑問。針對這個問題，我的回答是「不，孩子沒必要一起來。當然，如果孩子想來的話，也不用刻意拒絕」。就這樣，諮商重點從一開始原本是檢討「小孩的問題」，逐漸轉向深入探討前來諮商的父母本身帶有的複雜情感，以及過去的體驗。藉由化解這些癥結點，父母本身的變化會影響整個家庭，讓孩子不必再繼續扮演「壞小孩」的角色。也就是說，諮商的目標除了解決孩子的問題之外，其實原本便希望也能同時改變整個家庭。

藉由扮演「代罪羔羊」的孩子，家庭較容易得到解救。

「代罪羔羊」的孩子容易出現的症狀包括叛逆、暴力、不良行為、喪失學習意志、輟學等。每一種症狀看在重視教育的大人眼裡都是「問題」。尤其頻繁的粗話、暴力行為，通常明示著家庭中隱藏的虐待（人際間的控制與從屬關係）。這些症狀皆不是在警示我們應該改變孩子，而是應該注意與其關係最親密的大人們。但如果沒有察覺到這一點，讓孩子繼續扮演「代罪羔羊」，孩子費力展現出來的智慧，真的會被當作「犧牲品」而葬送掉。

絕對沒有孩子是自願變成「壞小孩」。如果父母接收到孩子發出的訊息，就應該鼓起勇氣站在鏡子前，面對自己。假設你在鏡子前感到猶豫，請立刻向可以信賴的專家尋求協助。

第5章 虛假的「都是為你好」

「都是為你好」？

含辛茹苦拉拔孩子長大，其實這段時間並不長。當孩子漸漸獨立，父母應該會感到孤單吧？

然而到了這個階段，父母都會轉移注意力，變得在意孩子的學業成績。

對於是否應該從幼兒和小學低年級的早期教育開始督促孩子念書，社會大眾持有正反兩面看法。但是，當孩子升上國中準備考高中、到了高中面對生涯規劃時，父母無不認為「從現在起要用功念書」非常重要。有不少父母相信學業成績會影響一生的前途。這是因為父母愛子心切，希望孩子能過得幸福。

不過，進入「這個階段」的孩子，有時會無視父母的擔憂，不照父母的期待用功念書。

「你再這樣下去，將來會很辛苦！」

「我這麼認真為你著想，你到底有沒有自覺啊？」

「你知道我有多擔心才會這麼嘮叨嗎？」

孩子體會不到父母的焦慮，家長越是在意就越心急如焚，導致家庭氣氛變緊張。如果沒有念書的問題，就不會徒增這麼多衝突，也不會導致爭執影響整個家庭。這種時候如果丈夫還責怪妻子「怎麼把小孩教成這樣」，母親還可能會因此罹患精神官能症。

前陣子，我接受一間升學公司發行的雜誌訪問，針對「不讀書的小孩，母親該怎麼辦」，以問答方式提供建議。其中列舉的父母煩惱包括「小孩對讀書沒興趣」、「不知道將來要做什麼」、「講不聽」等。

我的回答基本上有兩個重點。

第一，建議父母回想孩子成長過程，找出是什麼原因讓孩子找不到目標，不自動自發朝目標努力。

第二，現階段的迷惘，真的會嚴重到造成孩子一輩子不幸嗎？

我從平常指導大學生和研究生的經驗中，發現很多學生上課認真、考試考得很好，卻不想寫畢業論文。學生會確實完成老師在課堂上出的作業，但就是決定不了論文題目。我工作地方的人資也經常有相同的感嘆。有的應試者求職表現優秀，卻無法將所學運用在工作上，也就是說，他們忠實執行主管的指示，以及主動找出該做的事，兩者的能力之間有相當大的落差。這種人通常從小勤勉好學，具有高學歷和優異的成績。

我將這種父母的態度稱為「冠冕堂皇的虐待」。柳美里女士小時候也是被母親用雞毛撣子的長柄毆打，被逼著念書，而像柳女士一樣被強迫用功的小孩，不會認為自己遭到父母虐待。一般家長都認為這是「為你好」，因此不覺得自己在虐待孩子。

然而，這跟暴力虐待行為一樣，會對孩子造成不良影響。而且，超過忍耐的臨界點，孩子會出現駭人聽聞的行為。

並且，就像第三章提到的奈良高中男生對自己家縱火的案例，導致這類無法挽回的事件頻傳。令我擔心的是，就算再怎麼對社會大眾警告「冠冕堂皇的虐待」所潛藏的危險性，是不是已經太遲了？

接下來，為了讓大家深入理解我在建議中提出的兩個重點，我要在這裡介紹幾個與課業有關的案例，這些都是我處理過的個案，提供各位思考。

A在小學畢業前，每天都在外面和朋友鬼混，即使回家也不念書。升上國中以後，整個人卻有了一百八十度的大轉變，不出去玩，變得很愛念書。但是這樣的轉變沒有持續很久，他三天捕魚兩天曬網，因此成績看不到大幅進步。A對於一無是處的自己，也感到很鬱卒。

最後，他不情願的進入一所離家最近的公立高中。他之所以覺得不情願，是因為這間高中並不符合父母的期待。

他就這樣失去讀書的動力，每天放學後在家裡的庭園，蹲下對著狗說：「你真好命啊。什麼都不用想，天天發呆悠哉的過……」

他也沒想過大學要讀什麼科系，姑且進入當地大學的經濟系。但是上了大學後，他的生活變得一團亂。翹課打工，沉迷在自己的興趣裡，就這樣過了兩年。有一天，他偶然在書店讀到一本心理學書籍，這個機緣令他產生讀心理學的念頭，因此他不顧父母反對，轉到心理學系。自此，他像變了一個人似的，專心一意的念書。到了二十幾歲，才為自己立下讀書目標。

三十年後，我也才能坐在這裡寫文章。從現在回頭去看我的人生，其實很慶幸自己曾經繞過遠路、也迷惘過。

家庭逼迫念書，掙脫束縛與蛻變

國中二年級的七海，被母親帶來一起進行諮商。即將升上三年級的她，突然開始不去上學。

母親問她原因，她說「因為不想讀書」。這樣的理由，聽在一路看著她用功念書、成績優異的母親耳裡，簡直晴天霹靂。由於國三是決定未來志向的重要階段，因此她的母親相當擔心的說：「這個孩子一輩子沒用了！」

我維持一貫的「怪怪」諮商師風格，先告訴她們：「真該慶幸女兒開始討厭念書。」說「慶幸」是因為我相信孩子的任何問題，都顯示出家庭背後的真正問題。七海一句「不想讀書」，具有深奧的意義。為了探究這句話的真正意義，我必須確認對她而言，「讀書」究竟是什麼。

「你從什麼時候就開始用功念書呢？」當我這麼問，她媽媽搶著說：「她從小就愛念書。」並接著說明，七海四歲就開始補習，每天都很乖的寫習題。而且寫功課的時候，媽媽會坐在女兒旁邊「陪伴她」。

諮商一陣子之後，我發現媽媽和女兒對於讀書的觀念，有著相當大的落差。對媽媽來講，七海是「本來就喜歡念書的小孩」。然而，年幼的她又是怎麼想的？對她而言，打從一開始讀書就是「一定要做」的事，也就是「規定」。

七海升上小學以後，都還維持著媽媽坐在旁邊陪她念書的規矩。除了相信本來就應該這樣之外，她不知道還能怎麼解釋。

但是，到了即將面臨升學考試的國中三年級，她比較自己和其他同學的處境並客觀審視自己之後，終於自覺到「自己被強迫用功」。我認為七海突然放棄念書，是在表達「希望成為能自主決定、自由的人」。拒學的孩子中常可見到「喘不過氣的資優生」，對於被逼著讀書的孩子而言，感到窒息是一種特殊的體驗。

母親直言不諱的說：「不看著她把書讀完，我會感到很不安。」父母內心的不安，通常與塵封在記憶中的兒童期體驗有關。這位母親也不例外，她在不同世代的身上，重現了相同的讀書景象。

七海的母親小時候也一心渴望「媽媽的稱讚」，乖乖寫功課是為了符合坐在一旁的母親的殷殷期盼。但即將升上國中前，母親不再這麼做，導致她深信「媽媽開始討厭我了」。

她將自己投影在女兒七海讀書的模樣，認為自己不能討厭女兒並為此感到焦慮，因此堅持要女兒用功念書。

注意到孩子從國小、國中開始突然出現不愛讀書的傾向，很容易就可以判別出七海這種「不良的讀書模式」。意思是，進入青春期以後，說自己不想念書的孩子，可能從幼兒期到兒童期都不過是在服從大人的期望罷了。

小學低年級的功課不難，媽媽還可以給予指導。但課業難度隨著年級增加，甚至要準備考試，此時媽媽再也無能為力。讓我們從孩子的角度來分析這樣的變化。當一直以來指導自己的人突然消失，孩子等於失去讀書的目標，也無法自己找到讀書的方法。

那麼，家長到底該如何處理這種情況？為了能讓孩子暫時忘記眼前的目標，成為一個可以自主決定的人，家長可以選擇讓孩子「重新成長」。父母與孩子保持在一個較遠的距離，放手讓孩子去嘗試，暫時遠離課業，鼓勵他們產生探索新事物的好奇心。

「都要考試了還浪費時間，將來後悔都來不及了」，或許有人會這麼反駁。想必這也是由於「為孩子好」的想法太過強烈。但是，「為孩子好」的想法到底正不正確，不到人生盡頭是誰也無法預料的。也就是說，在現階段沒有人知道對錯。就像本書寫到的案例一樣，有些孩子成長於注重教育的家庭，進入升學率低的高中和大學之後，卻不斷有輕生的念頭或出現犯罪行為。如果沒有親身經歷過，大概很難想像這種情況吧。然而，我看過太多這樣的少男少女。這種是不容否定的現實。

不主動念書的孩子不只讀書，在其他方面這些孩子也無法自主判斷，增加行為的自由度。現在不讀書，並不代表往後的日子將變得很淒慘。父母「為孩子好」、愛子心切，其實是一個圈套。我希望父母可以察覺到，這實際上是一種文不對題的謬誤（Ignoratio Elenchi）*，是父母本身的不安造成他們「規定孩子照父母規定的方式做」，為了自欺欺人而將責任推卸給孩子。

請允許自己相信孩子，放手讓孩子自由發揮。

怪獸家長也是世代承襲的產物

學校教師陷入疲憊不堪的困境中。雖然近年教育環境競爭是主要的因素之一，不過「怪獸家長」的出現也造成老師相當大的困擾。這個問題大幅降低了教師解決

*譯注：與命題無關的事物，卻用作證據之謬誤。應對者藉話題的轉移，把發問者誘導到錯誤的結論上。

問題的能力。

所謂怪獸家長指的是以自我為中心，對學校提出不合理要求等的父母。他們不僅會向班導師提出要求，也會向學校主管、教育委員會及媒體等提出訴求。如果置之不理，還會對教師帶來不利影響，因此班導師必須疲於奔命的「滅火」。怪獸家長還有另一個特色是，對於教師偏袒特定孩子的行為反應特別敏感，喜歡「與老師作對」。學生吵架很正常，不過有些學校為了避免怪獸家長之間滋生事端，會希望「父母不可直接介入孩子的爭吵」，並呼籲「家長不要直接交涉」，因此教師必須居中協調，在晚間等父母都在家的時段進行家庭訪問，結果導致教師上班時間延長，疲憊不堪。

以前不是沒有這種家長，只是不像現在那麼誇張。怪獸家長大量出現在一九九〇年代後期。這些家長多是出生於一九六〇年代後期的世代，「生長於小家庭增加的時代」是這個世代的特徵。

根據人口統計的變化，一九六〇年代開始，兒童占總人口的比例已經有減少的趨勢。一九七〇年代約二五%，在這十年間走勢平緩，但到了一九八三年則開始急速下滑。我記得怪獸家長就是在這個時期逐漸出現。

怪獸家長的出現與他們成長時代的背景密切相關。由於小家庭化的緣故，他們的父母（以小孩的立場來看，是爺爺、奶奶）從幼兒期到兒童期，一直都離不開孩子。而怪獸家長不過是在不同世代間再現罷了。

「代間傳遞」似同虐待，但怪獸父母不是虐待下的產物。

就像讓孩子住在保溫箱裡的感覺，如果有人敢汙染裡面的空氣，家長絕對不會放過對方。當小孩逐漸長大，必須面對重重磨練，由於親子無法分離，因此家長會自覺受到迫害並感到憤怒。這就是怪獸家長。

說到這裡，會出現一個疑問。這些怪獸家長是社會中堅的壯年族群。他們如此強硬的向學校抗議，在職場和社會生活中，不會同樣發生不適應的狀況嗎？

答案是不會。通常他們能圓融的經營職場和社區的人際關係，反而有很大的可能會偏好迎合他人。當小孩遭受到不當對待，導致他們平常在社會上壓抑的壓力爆發，他們便會藉「為了孩子」之名，向學校投訴。意思是，虐待和強迫孩子用功念書的父母所具備的「為了孩子」的思維，在怪獸家長的身上也看得到。只要轉個觀點，怪獸父母就會變成「孩子」，而教師則是「父母」，在這樣的關係中，形成父母被孩子要得團團轉的現象。由於教師受到上級的嚴格管理，因此老師們個個都戰戰兢兢。我認為應該給予老師們更多彈性和空間。

然而，由於教師必須應付怪獸家長，因此導致他們更可能忽略了真正應該獲得救援的受虐兒童所發出的求救訊息。這樣的情形令我非常擔憂。

如何治療家長

就像我前面說過的，怪獸家長不覺得「自己有問題」。因為他們相信是「為了孩子好」。也因此他們很難接受「諮商」這兩個字。我選擇從「傾聽不安」開始瞭解他們。不是以校方人員的角色，而是運用諮商師這個「第三者」的立場。

聆聽他們的想法後，我也可將心比心。雖然很想對他們說「這位媽媽，我懂你的感受」，但這只會帶來反效果。其他人經常說「諮商過後，家長的表情都變了」，甚至有人將我的諮商稱為「長谷川魔法」。

怪獸家長雖然類似虐待，他們的行為卻與虐待孩子的行為相反。但他們的行為可能衍生為虐待。例如，有一位知名國立大學醫學系的醫師，以家長的身分毫不留情的攻擊教師的無能、學歷及容貌。

「這種大學畢業的，怎麼可能是好老師」、「就是這副德行，才會連小孩都瞧不起你」。那位被罵的老師只能一直哭。從這裡可以看見家長受到「萬般皆下品，唯有讀書高」的想法所牽制的情緒。

請注意家長謾罵教師的字眼。這些字眼都是家長過去從自己的父母身上所聽到的話。

拿菜刀威脅孩子的家長與教師

當怪獸家長到學校鬧場，學校在卯足全力安撫他們之餘，根本無暇去管這些行為到底意味著什麼。

我經常以學校的教師為對象舉辦研習會。如何和孩子互動、與家長的合作方以及教師的煩惱等。講題包羅萬象，幾年前開始，有愈來愈多單位邀請我談談如何處理虐待事件。在這些以虐待為主題的講座中，我會向教師們提出下列問題。

「你們知道，老師出的作業會導致小孩遭到虐待嗎？」

對於突如其來的問題，現場雖然有點騷動，不過教師們看起來不太訝異的原因，我想是因為他們心裡多少都知道吧。但是，當我繼續提問，現場的聽眾開始出現相當大的反應，聲音此起彼落。

「我處理過的案例中，就有三位家長曾經拿著菜刀逼小孩寫功課。」

有一位叫做俊夫的父親，非常擔心自己小學五年級獨生子的學業。他常嚴格地教導小孩「出了社會，你就會後悔自己不用功讀書」，但小孩就是不主動寫功課。他只好每次休假就坐在兒子身邊逼他念書，不過這位家長自己主動表示，到了小學高年級之後，「只有手上握著菜刀，才有辦法讓孩子乖乖讀書」。低年級的時候，孩子還會屈服於父親的威嚴，光是責罵就有效果，再不聽就用拳頭揍，這樣一來孩子通常都會乖乖聽話。然而，一進入青春期，隨著身心發展，小孩變得愈來愈不害怕父親。因此，以前的管教方式全部都失敗。

明子是一位育有兩個孩子的媽媽，她的情況更慘。長女小學三年級的時候，班導師打電話通知她「您的小孩不寫功課，請您來一趟學校」。接到這種電話，有些媽媽會覺得像是自己被責罵，感到非常難過。明子開始焦慮，等到女兒放學後，拿著菜刀衝到女兒面前命令她：「給我乖乖做功課！」有好一陣子，她的女兒都是被刀抵著脖子寫功課。

因為聯絡過母親後，學生已經開始寫功課，班導師完全判斷錯誤，以為「聯絡家長以後，事情都解決了」。這個時候，我除了和明子會談，也向老師建議「不要逼學童寫功課」。老師聽到難以想像的真相後，當然也非常震驚。然而，對於學校和家庭薄弱的連結，以至於校方完全無法察覺急迫的現實狀況，實在令人相當失望。

「各位老師。我的意思並不是說出作業是錯的。但是，希望你們不要只把重點放在打分數，也別忘了隨時關心學生身處的環境、在什麼樣的心情下完成作業，或為什麼沒有寫功課等過程。」

我在研習上熱心呼籲，老師們的態度也嚴肅起來，原來自己也可能「忽略虐待的訊號」。我想他們應該理解了這一點。

過度指導的教師

報導教育現場醜聞的新聞層出不窮。最近，甚至有愈來愈頻傳的感覺。自古以來教師被尊稱為「夫子」，然而我的臨床經驗卻呈現出相反的事實。可能是過去大部分擔任教師的人，真的人品較高尚？或者醜事沒有被揭發？還是社會對醜聞的定義改變了？原因很多。

最糟的問題是，教師本身也成為虐待的一環。如果在家裡被虐待，到學校也遭到虐待，孩子就沒有容身之處了。而且，旁人看不出訴求用功念書的「冠冕堂皇的虐待」有什麼問題，孩子也找不到出口。我希望各位身為父母的讀者，一定要了解這樣的現狀。

二〇〇七年，在日本三重縣的一所小學，有三名女學生在下課時間到陽台為小番茄澆水，由於整理環境，上課稍微遲到了。下課後，她們跑去向該堂課的女性教師道歉，老師竟然罵她們：「不想讀書的人，死去別的地方算了。」孩子哭著跟父母說這件事，才讓整起事件曝光。

其實，類似這位老師的發言並不少見。有些老師也是奉行「讀書至上主義」的人，這些人根本不在意傷了孩子的心。因此也無法在辛苦育兒的母親和學童之間，扮演緩衝的角色。

該名老師對媒體解釋：「當時為了讓學生在有限時間內寫完測驗，才會脫口而出嚴厲的話。」然而，任何人看來，那些話都已經不只是「嚴厲」了。這很明顯是騷擾，無異於犯罪行為。如果「時間真的不夠用」，老師們就應該認真思考如何創造一個時間更充裕的教學環境。當然，這又要牽扯到政治層面。

教師版「都是為你好」的真相

我們已經知道，父母以「為你好」為出發點的教養方式，對於孩子來講可能是壓力或虐待。其實，很多老師的行為也是基於「為你好」的思維。我想介紹幾個發生在學校的相關案例。

東京都足立區的小學，為了提升區際學力測驗的分數，會將部分學童排除在考試對象外，以拉高整體的平均分數。並且，模擬考考題還會與歷年試題相似。足立區導入競爭原理，將學力測驗成績較高的國中小學視為重點校，優先分配預算，廢止小學和國中的學區制，讓家長可以自由選擇學校等，因此老師們的行為都是受到「非贏不可」的動機所驅使。不僅足立區的家長，學校的老師也把教育當作工具，甚至連孩子都淪為工具。因為如果真心為孩子著想，就不必在分數上動手腳，拉高平均分數。

這間有問題的學校，二〇〇五年在學力測驗成績中位居第四十四名，到了二〇〇六年躍升為第一。

排名突飛猛進的秘密，就是這所學校沒有將情緒障礙學生提交的答案卷列入計分，而且多名教師在監考時會指示學生訂正錯誤答案。在舞弊行為曝光前，該所學校被評為「提升學力的優質學校」。評價高也有利教師未來的津貼和升遷。所謂「結果」就是這一回事。但我認為更重要的是過程，並且要讓主角（孩子）本身產生成就感，尊重自己的存在價值。

後來，足立區所有高中為了讓大學錄取生的成果看起來更輝煌，甚至「對錄取榜單灌水」。讓少數資優生參加多所知名大學的考試，一個人錄取十幾所大學。考試費用由校方支付，甚至有學生收受校方的酬勞。在高中招生說明會上，不會提到這些成果是怎麼來的，因此可以讓家長認為這是「很多學生錄取知名大學的高中」，達到宣傳效果。

足立區的老師們為什麼要擔任教職？說穿了不過是「為自己」。隨著競爭的壓力的升高，無法避免會產生「為自己」的想法。

就像這樣，不僅家庭，孩子也失去了學校這個安心的「容身之處」。

注重「用功念書」的教育者，恐怕不可能單獨遏止這種歪風。因為，擬定政策的上層領導者，都是一群用「結果」評選出來的人。而且，他們的職責就是對下層發生的醜聞祭出嚴正處分。我在這種領導者的臉上，完全找不出一絲「幸福」的表情。我預測在家庭和學校解決問題的能力同時降低的現在，受到「冠冕堂皇的虐待」這些學生未來所發動的「反抗」，會愈發不可收拾。

第6章　校園問題與班級崩壞

「校園問題」只是冰山一角

社會是怎麼看待「在學校有問題行為的小孩」？從前每個班級一定有一兩位這樣的孩子。人們通常認為「真是令人擔心的小孩」、「又是他」等，不過卻從沒思考過「為什麼他會出現這些行為」。

但是，「在學校有問題行為的小孩」，很多都是將家庭問題再度搬入校園，「重演」一遍。第四章曾提到，如果孩子「持續扮演相同的角色，家庭關係就會固定化」。學校的問題兒童與這一點有密切關係。也就是說，孩子很有可能在學校扮演自己在家庭的角色。

「進行角色扮演的小孩」，其行為在初期階段和慣性化階段是不一樣的。在初期階段，可由兩個切入點去理解他們的行為。

第一點是在學校的行為不同於家庭中模式化的親子關係。第二點是，他們可能是藉由自己的行為來「試探身邊的人」。「又是你」，他們不僅希望老師生氣，也在測試老師的反應，看老師會不會問「你為什麼要做這種事」，關心自己家庭的親子關係。意思是，這兩種行為都是孩子發出的「SOS」求救訊號。因此，如果教師和生活輔導老師在面對孩子和家長時，能同時關注到他們的家庭關係，或許就能發展出全新的關係。但很遺憾的是，在現實生活中，很少有教師會察覺到這些「求救」訊號。大部分的家長在教師告知孩子的問題行為時，第一個反應都是訝異。然後責備小孩，這儼然已經成為「固定」的反應模式。

孩子在學校發出求救訊號時，教師必須先收到這樣的訊號。但現實的情況是，教師不把孩子在校的問題行為視為「訊號」。並且，還有另一個問題是，教師無法正確處理這些求救訊號。

會這麼說的原因之一是，學生的問題行為會被提報為「不當事件」，卻沒有將問題的本質呈現出來。

教師無法將學生的問題行為視為「求救訊號」，繼而採取讓孩子的心更受傷的行動。例如，曾經發生過一起事件，學生在課堂上一直講話，教師便拿著剪刀剪掉學生的頭髮。剪學生頭髮的行為，已經充分構成傷害罪。

為什麼教師會做這種事？我認為是因為老師本身也受到父母的影響，而不自覺的將內心的憤怒發洩在學生身上。我稱為「社會的世代連鎖」。

或許那位教師沒有同年齡層的小孩，可能在無意識中將學生假想為自己的孩子，並將怒氣轉到孩子身上。就像這樣，產生了「孩子＝學童」的連鎖效應。

教師要面對的是多達三、四十人的學生，不可能照顧到所有的小孩。並且，在過去的年代，教師是一種有威嚴的職業，受到家長和地方社會的尊敬，然而現在的教師，權威已經蕩然無存。就像我在前一章所說的，教師必須花心思應付怪獸家長，因而難以盡其本分，這讓情況更雪上加霜。

霸凌與自殺的連鎖效應

二〇〇六年九月，北海道發生小學女學童上吊自殺的事件，一年後證實「原因是霸凌」。就像早就等著結果公布一樣，在福岡縣和岐阜縣頻頻傳出國中生自殺的新聞，這讓外界開始關注，學校和教育委員會如何處理霸凌與自殺之間的因果關係。這個問題擴大至全民輿論，引發日本全國國高中、小學的自殺連鎖現象。日本文部科學省收到多封預告自殺的信和電子郵件，當時的文部科學大臣甚至一反常態，主動「呼籲」孩子尊重生命。

國中階段是人生中最容易受他人影響的時期。原因之一是，社會的人際關係急速從「親子」、「教師與學生」等垂直的人際關係，轉變為「朋友」這樣的水平人際關係。孩子們心生自殺念頭的要因之一，與「變得更容易受影響」這個內心層面的普遍事實有關。

然而，為了預防類此事件再度發生，找出所有自殺的孩子短暫人生中的「共通狀況」很重要。即使結果確認是霸凌引發自殺，但我認為心理健康的孩子，不會因為被同學欺負就選擇自殺。

其實一開始舉的兩個連續霸凌自殺案例，也是我親手處理的案例，為了保護個資，我不會透露細節。我將引用其他案例，說明近年來的霸凌傾向。

我想先強調的一點是，「在現代，每一個家庭的小孩都可能捲入霸凌事件」。

說到「霸凌」，很多人會想到漫畫《哆啦A夢》裡面的「胖虎」以大欺小、對別人提出不合理要求、暴力相向、爆粗口的畫面。但是，最近的霸凌方式已經從行使暴力，轉變為相當微妙的心理戰，因此也更為陰鬱。特色是在女性同儕之間這樣的轉變更為明顯，並且有低年齡化和嚴重化的傾向。

國中二年級的理沙找我諮商「被排擠」的問題。所謂「排擠」也就是「排斥」、「無視」的意思。

理沙在被排擠之前是班上的領導者，名列前茅，人緣又好。但朋友的態度一夕之間大轉變，導致她覺得受傷而無法繼續上學。昨天還是「閨蜜」，今天卻變成「敵人」。被當空氣和說壞話的理沙不再相信任何人，因此全班都把她視為「必須特別警戒的危險人物」。

我一開始也提過，孩子的霸凌方式已經變質了。

想要理解現代的霸凌，不能僅憑表面上的行為來判斷。另外，同樣的霸凌對於每個孩子造成的傷害天壤地別，瞭解這一點很重要。由於理沙拒絕上學，因此她的母親強力向學校抗議。霸凌的加害者正常去學校，受害者卻躲在家裡，這讓母親感到太沒天理了。然而學校的老師卻說：「是不是理沙自己在胡思亂想？」她的母親因為沒有獲得妥善的回應而感到失望。

後來學校針對霸凌實施匿名調查。透過調查掌握了一些新事實。被理沙點名「排擠她」的學生們，反過來說其實自己「被理沙欺負」。

因此校方認為，理沙自己也有錯。

學校基於教育職責，對於「霸凌者」和「被霸凌者」都負有「保護」的責任。所以就算已經證實為霸凌事件，被害學生也無法再提供任何有損他人名譽的資訊。在新聞報導的連續「霸凌自殺事件」中，也可以看到這樣的案例。校方知道當事者在霸凌前就已經精神不穩定，卻遲遲沒有公開說明，說詞也含糊不清，因而引發社會大眾（間接關係）的憤怒。

加害與被害的界線

國中二年級學生理沙，控訴自己在學校「遭到排擠」。但是班級的匿名調查卻顯示出矛盾，擔任霸凌者角色的學生反過來說「自己被霸凌」，到底該怎麼看待這樣的事情？

總歸一句話，想要解決青春期階段孩子的問題，只能努力理解每個孩子的「想法」。然而這種常識性的建議，很容易引發兩種批評。

①「這不是理所當然的事嘛，現在就已經在做了。」

②「就是因為這種寵溺的態度，現在的小孩才會變得弱不禁風。」

這兩種類別中，前者可說是「寬容派」，後者則可說是「訓斥派」。很遺憾的是，這兩種立場的人在現實生活中都難以提供有效的支援。重要的不是「理論」，而是對孩子帶來「實用性」的幫助。

「寬容派」的人即使努力想聽到孩子的真心話，還是碰壁，孩子盡說一些不著邊際的話。就算大人說「我希望能多瞭解你」，孩子依舊不會向大人說出真心話，因為她們知道大人最後都只會提出無聊的建議。從十幾年的經驗中，我發現大人面對孩子的時候不是「披著羊皮的狼」，而是「披著理解的皮的搜查者」。

而孩子面對「訓斥派」的時候，會隱藏本性、說謊或反嗆、心態變得更防衛等，導致大人與孩子心的距離愈來愈遠。

更糟的是，大人焦急著給予訓斥，導致察覺不到自己的做法，其實與真正的解決方法背道而馳。

在這裡介紹的案例也是一樣，除了母親，校方也與教師和理沙分進行過個人談話，但換理沙說話的時候，她總是以「沒什麼」含糊的帶過。

因此，學校才會委託我處理這個案件。與青春期孩子會談時，第一眼見面的瞬間，就是勝負關鍵。必須在這一瞬間，讓他們感覺「這個人和其他大人不一樣」。

所以，一般而言我是一個「跳脫常識」的人。想要完全理解孩子，並維持明確的立場，是不可以被社會常識束縛住的。如果沒有「必須裝傻、忽略問題」的覺悟，就不可能與孩子們成功展開對話。

結果，說自己「被排擠」的理沙，在「跳脫常識」的我面前，如我所料的積極說話，吐露對母親的不滿。她母親的個性相當嚴謹，不容許任何有違正義和混水摸魚的事。她從小就以母親為自己的榜樣。現在卻變得非常討厭變得像母親一樣的自己。但是，如果學校同學做了一些不負責任的行為，她還是會馬上糾正同學。

由於她是班長，所以習慣指揮班上的同學做事。

受到理沙糾正和指揮的同學，因為膽怯所以無法抵抗，儘管表面上看不出來，但心裡藏著「芥蒂」。然而，由於是同學們自己有錯在先，所以也不能跟老師說。就這樣，「被理沙欺負」的感覺愈來愈強烈，同學們一起在背地裡說她「很噁心」，聯合起來「把她當隱形人」，形成集體「排擠」的狀況。

學校和家庭之所以無法發揮功能理解和解決這樣的情況，是因為問題的本質不在於處理霸凌事件，而是探討「大人與孩子的關係」。

圖6的圓餅圖，顯示的是二〇〇四年調查日本校園所發生的霸凌，有各種不同形式。我們可以明顯看出，年齡愈低，有愈多「同儕排擠」和「集體漠視」的狀況。到了高中階段，客觀上看起來很嚴重的「肢體暴力」霸凌急遽增加。

圖 6-1　小學生的霸凌形式

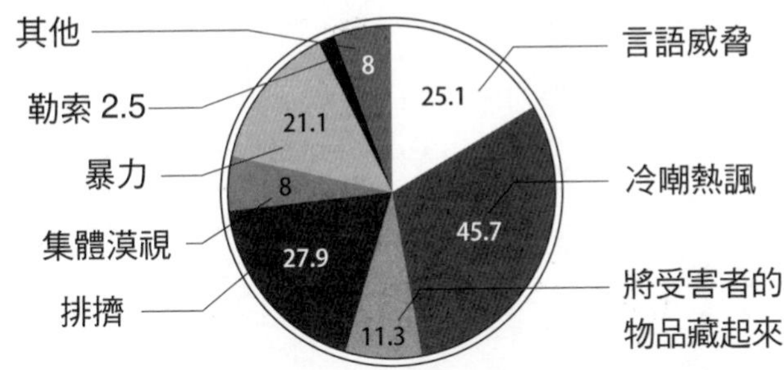

圖 6-2　國中生的霸凌形式

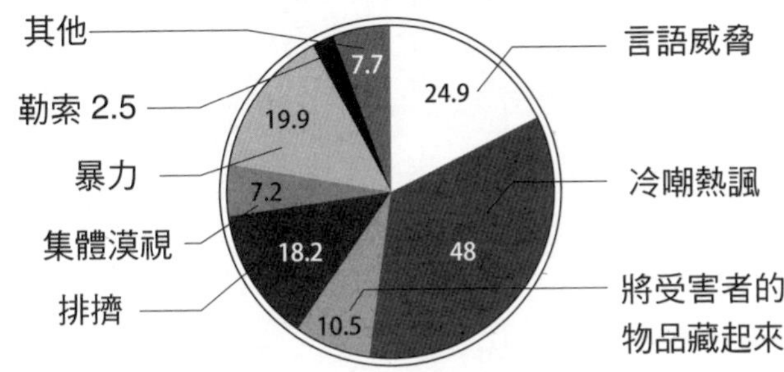

圖 6-3　高中生的霸凌形式

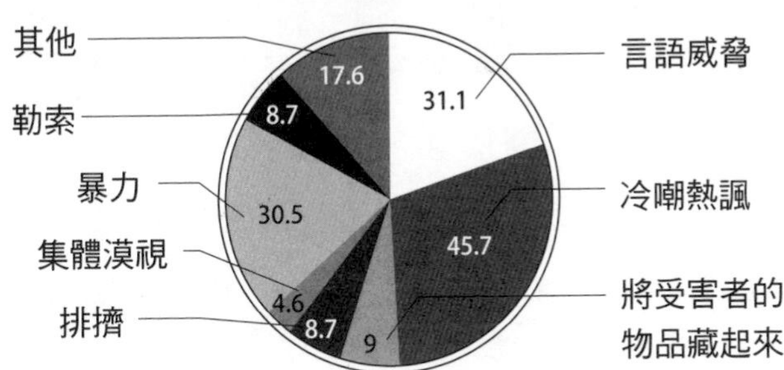

關於這項統計的資料來源是由各校校長向教育委員會提報「霸凌事件」，並將報告上呈至文部科學省，也就是說統計分析的前提是，學校掌握相關事實且認定其為霸凌事件。但只要事態不嚴重，校方並不希望將事情當作霸凌處理，況且，由於日本都道府縣（各縣市）對於霸凌行為的認定標準都不一樣，因此教育專家們通常認為「霸凌統計缺乏可信度」。

例如，同年度日本全國各校校園霸凌總發生件數分別為：小學〇・二件、國中一・三件、高中〇・五件，雖然官方公布這樣的數據，但家長們應該都可以立刻知道沒有那麼少。

我在前面提到霸凌自殺的連續效應，文部科學省對此類事件的態度之所以產生一百八十度的改變，原因之一就是發覺作為研究基礎的「近十年間，所有學校都沒有發生霸凌自殺事件」的統計結果錯誤，並因此下令重新展開調查。

無用的「霸凌定義」

日本文部科學省（日本教育科學文化等事務的最高行政單位）對於霸凌的定義是，攻擊必須符合「單方面」和「持續」這兩個條件。然而觀察現在的孩子們，我們可以發現有不少行為就算不滿足這些條件，也很明顯是霸凌行為。霸凌加害者和受害者角色互換的案例也是如此。而且，這樣的情況也經常發生在同一個小團體中。

「霸凌自殺」問題浮上檯面後，國中一年級的芽衣前來諮商，說到她覺得「朋友很可怕」。有同學會把她的東西藏起來、惡意塗鴉，不過她最害怕的是好幾個人聚集起來，惡狠狠的瞪著她、辱罵她。而且，這群欺負她的人，還是她之前曾經加入過的小團體。她不懂為什麼自己突然遭到排擠。

因此我也向其他學生問了這件事。她們表示排擠她是因為她和其他的小團體走得很近，就是這麼無聊的小事。並且，更令人訝異的是，主導這次霸凌的學生，是以前在同一個小團體中被欺負的人，而說自己是受害者的芽衣，當時則是霸凌的加害者。

我感覺近年來這種朋友之間的分裂和利益交換所引發的霸凌事件，有增加的趨勢。為什麼會這樣？因為，為了避免自己被欺負，只好找一個稍微「背叛」團體的人來當自己的替死鬼，不斷延續下去。被當作替死鬼的孩子，怕自己「告密」以後會被欺負得更慘，因此並不敢跟父母說。

霸凌會產生連鎖效應。這裡所謂的連鎖效應指的是，不斷出現受害者和加害者的現象，原本是受害者的孩子，變成加害者以讓自己脫離受害者的處境，並找出下一個新的受害者。二〇〇〇年，日本愛知縣發生一起震驚社會的事件，一名國中男學生被勒索五千日圓，而此事件中的加害者少年，以前竟然是金錢勒索的受害者。

二〇〇七年一月，日本千葉縣的一所國中發生了一樁悲劇，有八名二年級的男同學，將另一個同年級的學生欺負到受傷，接受教師訓導過後，其中一名學生卻在隔天自殺。這名遺書中寫著「對不起」的學生，在成為此次霸凌事件的加害者之前，都是遭到欺負的受害者。

接下來要介紹的另一種霸凌形式，比較容易被大人忽略。有一位國中一年級的男學生達廣拒絕去上學。原因是班上同學說他「很煩」。教師則認為這名學生的心理太脆弱，因為這類批評普遍存在於社會上，必須加強心理強度，忍受這些不中聽的話。

我和達廣的父母進行會談。印象中，他們之間沒有「酸言酸語」，是一個穩定的家庭環境。

也就是說，達廣沒有培養出對壞話的免疫力。相較於此，可以輕易說出「很煩」的小孩，和被朋友說煩也完全不在意的小孩，在日常的家庭生活中本來就經常運用尖銳的言語，早就習慣了。我認為是家庭教育環境的差異，導致達廣拒絕上學。

日本文部科學省最後重新定義霸凌，不應從外觀的行為表現，而是「應重視當事人的感受」。自此，判斷霸凌與否時，與旁人的觀感、評價標準無關，只要當事人心理及身體感受到痛苦即為霸凌，必須及早予以關懷。本章中指出的連鎖效應現象，也是由於沒有針對霸凌採取適當的因應措施，以至於受害者和加害者不斷互換角色，導致霸凌四處蔓延。

確實，在現代的階級社會中，或許具有反骨精神才能出人頭地。有些人秉持「愈挫愈勇」的想法。但我認為為了贏得競爭的堅強，並不是真正的堅強。有人贏就有人輸。我希望這個充斥著權力和利益交換遊戲的社會，有朝一日人們可以學會相互尊重人權（我將人權的意思定義為個體的想法），感受利益共享的喜悅，成為豐富穩定的社會。

但現實的社會卻朝反方向走去，而且停不下來。

我深刻的體認到，青春期孩子的霸凌世界，儼然是大人社會的縮影。

地下校園暗黑史

網路的發達，對於求知欲和好奇心旺盛的人而言，是一項非常便利的工具。學校教育也相當看重網路科技的應用，並積極導入於教學。但是現在網路的匿名性遭到惡意利用，成為進行霸凌的主要平台。對此大眾社會的態度丕變，網路有害青少年發展，應該予以規範的觀點逐漸成為主流。

一想到網路，大部分的人都會聯想到電腦，不過孩子們透過手機這個普及化的日常用品，已經可以隨時隨地上網。這一點才是重大問題所在。尤其最近低年齡層的小孩具有手機的比例愈來愈多，網路具備確保兒童安全（定位、傳送所在位置、緊急聯絡等）的優點，但同時也有讓兒童更容易接觸不特定、不健康資訊的缺點，因此應該慎重檢討網路的運用。

霸凌與網路形成連結後，所產生的問題是「地下校園論壇」這個虛擬世界。什麼是論壇？請將它想像成一個巨大的字典。封面（網頁）寫著書名，但作者不詳。也由於不公開張貼者和管理者，所以說它是「地下」。論壇的「空白處」，可以張貼任何內容。也可以連結到其他的地下論壇。因為全部都可以匿名，所以也可以在這裡秘密進行犯罪和霸凌行為。

地下論壇充斥著毀謗、非經本人許可，任意張貼的照片、虛構內容的各種文章。在霸凌受害者不知情的狀況下分享、公開資訊，甚至出現實際的霸凌行為。就算貼文中指名道姓，由於根本不知道張貼者是誰，所以身為受害者的學童會感到更不安。其中，也有案例是在班上正常交往的「朋友」，暗地裡在地下論壇進行「霸凌」，導致受害者對人失去信任。相較於在現實世界中被欺負，這種背地裡進行的霸凌，更令人感覺像活在地獄。

網路霸凌使得教師等大人更不易發覺相關事件。論壇名稱和校名完全不相干，網路上也搜尋不到。就算找到了，也必須有密碼才可以登入。必須由受害學生主動告發，或者由其他論壇使用者告知，大人才得以瞭解實際情況，但是學生們很清楚「告密」會導致霸凌的砲火更猛烈，因此沒有人有勇氣出面檢舉。

目前，我們應該假設每所國、高中都有地下校園論壇。而家長和教師們應該成為孩子「值得信賴的人」，以鼓勵孩子主動告知事實。讓孩子知道大人「願意傾聽」、「可以理解他們的感受」以及「永不放棄」。從我過去的經驗來看，獲得家庭充分接納的孩子，不會主導網路霸凌或參與霸凌。我的意思是，想要從根本解決地下論壇的問題，必須要理解，進行網路霸凌的孩子在地下論壇所做的事，本身就是一種「排毒」行為，也就是孩子以他們自己的方式發出求救訊號。

但是很令人遺憾的是，現實中，大人為了讓受害的學生及早脫困，只能採取限制孩子運用網路等治標不治本的解決方法。

裝成乖乖牌的孩子、父母放牛吃草的管教法、強烈渴望親情的孩子、家教嚴格而壓抑情感的小孩、遭到體罰和粗暴言語對待的孩子，都處於危險的狀態。

孩子身邊的大人，請貼近孩子的心靈，注意他們發出的訊號。霸凌的加害者，其實也曾經是受害者。而大人所製造的網路世界，透過「手機」作為媒介，成為人心黑暗面無限擴張的危險世界。大人必須注意到，這個隨身攜帶的機器，早就已經不再是單純的「電話」。

發展障礙孩子的傷最重

我在前一章曾說過，競爭原理導向的學校，不良的後果一定會波及到「弱者」身上。這也是我發出強烈警告的問題。

導師對忘記帶作業的學生——知之冷嘲熱諷。

「你爸把作業帶去公司了？」

知之沉默的低著頭。

「既然你不把我看在眼裡，那從今以後老師也會把你當空氣！」

因此從那天起到知之小學畢業當天，共約兩年期間，導師都一直無視於他的存在。點名的時候，只有知之不會被點到。導師在課堂中按座位順序請同學回答問題時，也把他當「隱形人」跳過。由於導師認為孩子抱有惡意「故意不回答」他的問題，所以展開報復式的錯誤指導。

其實，這是發生在二十多年前的事。跟我說他被老師「霸凌」的人，是犯下三起連續殺人事件而被判處死刑定讞，並於二〇〇九年執行槍決的犯人。當時還是小學生的他，為什麼沉默不語？

知之的父親是名警察，在知之忘記帶東西到學校的前一天晚上，父親因為值班所以沒有回家。對於老師的問題，知之其實是在思考到底要回答「爸爸是警察，所以不是去『公司』，還是『爸爸沒有回家，所以不會把我的作業帶走』」，導致他遲遲無法回答老師的問題。他看了當時的聯絡簿，導師在上面寫著「問原因什麼都不說」。

像知之那樣，無法理解他人說話背後的含意，只能瞭解字面意思，這種特徵稱為「社交障礙」。如果有人跟他們說：「請在五點回家」，他們接著只會一直想著時間。

如果欺負他們的人叫他「去死」，他們或許會認真的想死。這種特有的症狀，有可能是廣泛性發展障礙之一的亞斯伯格症。

並且，亞斯伯格症的診斷標準，還包括「固執、興趣狹隘」這項特徵。如果還出現語言發展等遲緩現象，則會被分類至自閉症。一般普遍認為這些發展障礙與遺傳有關（尚未有定論）。

日本於二〇〇五年四月一日施行發展障礙者支援法，強調早期發現並實施適當教育的重要性。但是在知之成長的那個年代，社會大眾甚至不知道有這種障礙。因此罹患亞斯伯格症的孩子，通常會被誤以為是「有怪癖的小孩」、「不聽規勸的孩子」，受到體罰等錯誤的指導，或成為霸凌的受害者。有不少案例正是由於這些二次被害體驗，形成反社會人格，從青春期以後人生開始失控。

知之的母親管教非常嚴格，認為孩子就算做錯事被父母罵也改不過來，因此經常打他屁股。更誇張的是，父母甚至會用點燃的香燙他的臀部。當時的知之只能想辦法「不要讓母親更生氣」，體罰結束後立刻衝回自己的房間，一個人躲起來哭。

他與愛喝酒的父親平時完全沒有互動。但是小學四年級的時候發生了一起「事件」，那一天剛好在家的父親，毫無預警的將他壓制在地上，從正面抵住他的手臂並直接坐在他的肚子上。他大喊「我不能呼吸了」但因為呼吸困難愈來愈小聲，也因為父親坐在肚子上，讓他差點窒息，嘗到恐懼的滋味，以為自己「快死了」。

不久，升上五年級的知之，做了一件很突然的事，他在放學時從後面追上年紀比自己小的女學生，用手摀住對方的嘴巴。升上國中後，他讓年紀小的孩子「窒息」的次數愈來愈多。一種或各種固定而有限的興趣模式，是亞斯伯格症特有的症狀，而知之的專注模式，很不幸的轉變為「窒息」。

令知之產生固定興趣的對象，從幼兒期開始一直不斷變化，包括宅配人員的安全帽、有鞋帶的白色運動鞋、分趾的襪子及白襪。教育現場對於患有亞斯伯格症的孩子實施不當的指導，家庭也因為恐懼而採取高限制性的管教。這些都讓原本毫不相干的「窒息」，與知之的第二性徵結合，進而衍生犯罪。

發展障礙是為了學習「尊重」

在完善的法律規範下，使得近幾年輕度發展障礙獲得愈來愈多的理解。但或許只有對於罹患發展障礙的學童有教育熱忱的教師，和困擾著不知如何教養這類孩子的家長們，才會去認識發展障礙。我們必須盡快獲得一般社會大眾廣泛的認識與理解。因為錯誤的態度所造成的二度傷害，不斷演變成各種嚴重的問題。

「輕度」的意思並不是障礙的程度輕微。而是指智力、語言發展沒有嚴重落後，因此也可以稱為「重症的輕度發展障礙」。為了避免產生類此誤解，近來日本文部科學省已經不再用輕度這個字。發展障礙的代表性疾病包括亞斯伯格症、注意力不足過動症（ＡＤＨＤ）及學習障礙（ＬＤ），這三種疾病的出現率加起來超過五％。

本書中所談到的「青春期」孩子們，都處於相當敏感脆弱的狀況。在他們的幼兒期，當時社會尚未確實建立起輕度發展障礙的概念，也缺乏周邊大人們的關心。因此大人對他們的管教必然只能解決表面的問題，因此孩子在日常生活中被迫接受思慮欠周的行為矯正。

這種二次（環境）因素的影響，和後來形成的「憤怒的表現」等，一起伴隨著他們進入青春期階段。

最近，初發型青少年犯罪的惡性引起日本社會大眾爭論，不過精神鑑定的結果顯示，有愈來愈多的青少年被診斷為亞斯伯格症。老實聽大人的話「用功念書」、成績優異的高中生突然犯罪，這些事件都顯示出二次因素的嚴重性。患有亞斯伯格症的孩子們，原本具有強烈的親和需求，但由於無法理解別人的言外之意，且只對有限的事物有興趣，因此經常被視為「問題兒童」。

另外，一九九〇年代起出現了「班級崩壞*的問題，探究其原因，發現教師對於注意力不足過動症（ADHD）缺乏理解，只會嚴厲斥責上課搗蛋的學生，導致學生症狀惡化，而看到這種情況的其他學生也趁機加入，使得全班秩序大亂。

在某個小學六年級班上，出現嚴重的「班級崩壞」現象。除了導師以外，還有其他支援教師和家長，每天輪流在教室監督學生，但是絲毫沒有效果。這個班級有五個擾亂班上秩序的男童，他們一舉手一投足都相當吸引其他學生，讓其他學生一起隨之起舞，導致班上秩序大亂。

這五個人當中有兩個人，剛進小學時就已經「在教室坐不住」，顯示出注意力不足過動症的症狀，就像彼此互相牽制，一起破壞上課秩序。儘管教師已經嚴厲糾正他們的行為，卻毫無改善，因此體罰的次數逐漸變多。教師多次告知家長「請確實管教孩子」，但其實孩子在家也一樣不會乖乖聽話，從小就被體罰習慣了，天生靜不下來，加上單方面持續遭到責備與體罰，導致在症狀惡化的狀態下進入青春期。

---

*譯註：指學生不聽教師的規勸，上課時「在教室走動」、「隨便外出」及對教師「口出髒話」等破壞上課秩序之行為。

後來我介入處理這個班級的問題。原本在幼兒期應該要培育出自我尊敬也信任他人的心。因此只好從基本的人格開始重新教育孩子，決定在學校對這兩位「問題」學生進行個別指導，傾聽孩子的話、認同其想法，注重人際關係發展，並從他們有興趣的科目開始學習。我也告知家長，嚴格管教會讓情形惡化，請他們理解這一點，並且「不要在家裡責罵孩子」。就這樣過了半年，在孩子的希望下，讓他們回到原來的班級。雖然沒有換老師，不過兩位學生都已經乖乖上課，不再擾亂全班的秩序。

教育現場的教職員，應該將患有輕度發展障礙的孩子天生的症狀，視為孩子的「個性」。

與眾不同是一件好事。只要大人相信這一點，就不會急躁的想要採取強制性的管教和教育，也不必擔心會對孩子造成二次傷害。這些患有輕度障礙的孩子，或許是讓大人學習「尊重個體」的「天使」。

第7章 柳美里的心理諮商記錄1 活在謊言中

本章接續「前言」，站在我的立場去講述柳美里女士（日本知名作家兼劇作家）的諮商過程。柳女士為了什麼煩惱才來找我諮商？心理諮商解決了她的煩惱了嗎？柳女士的內心產生了什麼變化？透過本章，讀者將可理解究竟「什麼是心理諮商」。

嘗試心理諮商

柳女士坐在與我呈直角的沙發上，避免和我四目相接，她的表情有點僵硬，就像她放在自己書上的大頭照一樣。

我很難從她的表情看出什麼端倪。

她突然問我一個問題。

「老師，你會用常識看待事物嗎？」

雖然那一瞬間我不懂她這句話的意思，不過我還是立刻這麼回答了。

「不會，我是跳脫常識的人。」

聽到我這麼講，柳女士露出鬆了一口氣的表情。

「謎題」經常出現在諮商過程中。這具有非常重要的意義。當事人（心理諮商中用來稱呼委託者的用語。本書後面還會繼續運用這個詞。）會透過謎題，來「測試」對方是否值得自己說出秘密。也就是說，柳女士本身認為「自己是反常識的人」。因此她想要確認我是否能夠理解她的想法。

另一方面，諮商開始不久，我便立刻對柳女士產生幾種印象。

- 一看到她，就覺得「她是嚴以律己的人」。
- 她的心裡「隱藏著憤怒」。
- 為了避開上述情緒，她選擇「忽視」來保護自己。

父母說「完全不懂小孩為什麼會有某種行為」，到底「不懂」什麼？為了找出答案，必須去探索父母本身「過去」的「旅程」，而這些往往都是「悲傷的過去」。

貼近當事者的「心靈之旅」，正是心理心理諮商師的工作。

但是心理諮商師並不會打破砂鍋問到底。當事者有意識或無意識的將過去的體驗當作秘密，長期藏在心裡。如果心理諮商師強迫當事人「說出來」，她們越會死守秘密，導致心理諮商師無法知道她們內心真正的想法。

針對這種情況，我有自己的處理方式。那就是等待「線索」。諮商時，不僅要細聽當事人說的話，也要觀察他們的姿勢、態度舉止、氛圍等整體的感覺。

也就是「敏銳的關注」。精神分析創立者佛洛伊德（Freud）稱之為「平等的意識」。心裡諮商師應該避免產生「從當事人身上擷取資訊」的心態。心理諮商師不可以記者發問的方式質詢當事人。

諮商師會從當事人的話中，抓取蛛絲馬跡。而這大部分都是他們父母「隱藏起來的悲傷經驗」，也就是父母那一代受虐的經驗。這種受虐體驗通常會跨越世代，產生連鎖效應。

就像「隱藏」兩個字字面上的意思，父母本身都沒有意識到這些事。但父母卻將隱藏的，也就是潛意識中的「憤怒情緒」發洩在孩子身上，並且在無意識中用過去父母對待自己的方式來教養孩子。孩子的問題行為，往往是接受父母管教後所產生的反應，令父母感到「頭痛」的孩子的問題行為，大部分不過是「一面鏡子」，反射出父母本身的問題。

意思是，應該接受治療的人，不是孩子，而是父母。

接下來，讓我們來聽聽更多柳女士的「說法」。

父母自己做不到的「禁止事項」

柳女士在下面這段話中，談到為什麼會想要找我諮商的動機。

「有兩個原因。第一，面對兒子的時候，無論是壓抑或發洩自己的情緒，都無法保持我們母子之間的適當距離。第二，我覺得活得很痛苦……（略）。」（《家族秘密》（ファミリー・シークレット）日文版第五三頁。以下引用此書）

柳美里在自己的部落格中，寫到一件在飯店受訪時發生的「事件」。這起事件在網路上掀起軒然大波，後來兒童相談所（日本兒福機構）不斷接獲「虐兒」通報，甚至派人員前往柳女士家中訪查。

部落格的內容和用字遣詞，都明顯表露出柳女士的憤怒。

「真是個大騙子（謊言連篇），從早上7點到下午3點，我甩他巴掌，幫他跟學校請假，也罰他不准吃早餐和午餐。

我們現在要回家確認兒子說的話是真是假。

如果他又騙我，我就立刻回去千葉縣的飯店。

真是可惡！」*

*譯註：整起事件簡單來講，就是柳美里女士的兒子在飯店偷偷剪掉自己的頭髮。當柳女士問他用什麼剪？他回答用柳女士放在鉛筆盒中的剪刀。當柳女士再問鉛筆盒在哪裡時，他繼續說謊，導致柳女士請飯店員工到前一天入住的房間找鉛筆盒。飯店員工找不到鉛筆盒，兒子卻堅稱「一定有。是飯店的人或其他旅客偷走了。」最後柳女士發現兒子謊言連篇，因為最後他們在家裡找到了鉛筆盒。

被兒子的謊言「耍得團團轉」，筋疲力盡回到家的柳女士心情糟透了。她不懂「為什麼兒子明明知道媽媽會心痛，還要說這種無意義的謊言」、「到底為什麼要說謊」、「不懂兒子在想什麼」。

柳女士心煩的事情，跟一般的家長沒有兩樣。

合理化與否認

經過三十分鐘的對談，我針對柳女士本身的問題，產生了「假設性」的想法。我假設「柳女士透過心理防禦機制，否認了自己內心的一些情緒」，為了證明我的假設，釐清「她如何處理自己童年時期的情感」，成為當事人柳女士與身為心理諮商師的我之間的共同課題。

虐待孩子的父母，一定都有兩種想法。

「自己是對的」。

「為了孩子好（＝為你好）」。

這種心理態度稱為「合理化作用」。

柳女士為什麼如此嚴格的看待對兒子的說謊行為？柳女士本身並不覺得自己嚴格。她反而認為「自己是對的」。然而，柳美女的潛意識中，有各種「束縛」，也就是「保護自己的機制」（心理防衛機制）。

合理化和否認這兩種機制，是解開柳女士「虐待」之謎的關鍵。

那麼，這兩種機制有什麼差異？

合理化作用指的是，由於承認自己真實的樣子和行為會產生不舒服的感受，所以個體製造一個自我較能接受的理由來解釋自己的想法、行為，使其看來合乎邏輯和理性。

「我過度聚焦在『說謊』這一點，以至於不知道怎麼和兒子互動，甚至也忘了如何面對自己，我害怕謊言會永遠持續下去，與現實完全脫節。」

為什麼柳女士會持續產生這種落入「地獄」的感覺？讓我們從柳女士本身的成長背景來尋找關鍵線索。

遺失的虐待記憶

「媽媽去夜總會上班前，會坐在我旁邊看我算數學，如果我寫錯答案，她就會用雞毛撣子的長柄打我拿鉛筆的右手。她打得太用力，竹子裂開，我的手臂滲血、出現一條一條的鞭痕，但媽媽一定要等我寫出正確答案才願意饒了我。」

柳女士在雙親的虐待下長大成人，是受虐的「倖存者（從困境中逃生的人）」。她遭受各種虐待，包括被母親強迫念書、被父親毆打，被迫裸體站在公園裡等。但是，現在尋求心理諮商協助的柳女士，並沒有意識到這些是虐待行為。從柳女士提出的問題，就可以知道她「缺乏」這樣的認知。

柳　父親對我施行暴力是「虐待」嗎？

柳　我想再向長谷川先生確認一遍，我被「虐待」了嗎？

我是這麼回答她的問題。

長谷川　是虐待喔。柳女士在成長過程中，很明顯遭受過激烈重度的虐待。您就坦誠面對吧。您很努力的撐過了那一段日子。

儘管柳女士承認自己受到這樣的對待，卻依舊堅稱那不是虐待。這就是否認的心理防衛機制。意思是不承認自己的外在事實和內在事實。

施予虐待的父母，心理上同時存在著合理化和否認作用。施予虐待的父母基於「否認」的情感，並透過合理化作用，認為「一切都是為了孩子好」，賦予虐待行為正當性。而被虐的兒童也麻痺自己的情感，假裝一切都不存在，這就是否認的情感。並且，孩子會以自己的方式合理化父母的虐待行為，這即是合理化作用。因為孩子如果不這麼做，就會活得很痛苦。就這樣，孩子內心也形成「合理化和否認」的防衛機制。

對於父親的暴力行為，柳女士認為「自己也有錯」，同時也認為命運坎坷的母親「很可憐」。她將「合理化和否認」作用於自己的受虐記憶中。

並且，合理化與否認的情感，後來長期折磨著柳女士。

柳女士的母親希望她能進入橫濱的私立名門女校，強迫她補習、學鋼琴、逼她用功讀書。而被逼著念書的柳女士，則被迫接受母親「望女成鳳」、這是「為你好」的情感，跟著母親的想法走，急著長大成人。我們可以瞭解到，她的兒童時期被母親否定了。小時候的柳女士，以「媽媽很可憐」來合理化母親的行為，而這種痛苦的合理化作用，持續了長達三十年以上。

柳女士的母親也是命運坎坷的人，所以她才不希望女兒步自己後塵吧。但是，「進入好學校，過著名媛般的生活」，強迫柳女士接受這種「生活方式」，不過是將自己理想人生中的情結，加諸在孩子身上的行為。心理學術語稱之為「缺陷補償」，這就是「為你好」的典型行為。

必須注意的是，這和重生截然不同。很多父母會將讀書、學才藝等自己無法實現的夢想，熱切的託付給孩子實現，但這單純只是「強迫」行為。

乍看之下父母似乎獲得重生，但重生是指讓自己充滿生命活力，而將自己的遺憾寄託在孩子身上則是虛假的。希望父母不要將這兩者混淆。

隨著諮商越談越深入，柳女士內心的「否認情感」也浮出檯面，那一瞬間她很明顯產生了動搖。

長谷川 妳當時對母親抱著什麼樣的情感？

柳 有點⋯想不起來⋯⋯

長谷川 妳說想不起來對吧。不是沒有，而是想不起來。妳必須讓自己忘記才能好過一點，真是辛苦妳了。

柳 我已經四十一歲了吧？這不是二十七年前的事嗎？我認為我是為過去發生的事畫下句點。

（略）

柳 我說母親「很可憐」，但我非常討厭別人說我「可憐」。（略）

長谷川 是的，因為藉由否認可憐的自己，妳才能堅毅勇敢的活到現在。

柳 在自己當了父母以後，才瞭解父親有父親的苦衷，母親也有母親自己的苦衷。

長谷川 苦衷？大人的苦衷和小孩一點關係都沒有喔。妳能叫這麼小的孩子體諒大人的苦衷嗎？要還不懂事的小女生深思熟慮，乖乖聽母親的安排？這是思想控制、洗腦的行為⋯⋯（沉默）⋯⋯妳現在不說話，是因為感到疑惑吧？

柳　喔，我在放空……。

長谷川　思緒突然斷了吧。隨著我們談的話題愈來愈深入……

說出否認的情感，柳女士被我指出自己的幼年經驗是虐待，再也無法保持原來的客觀，因而停止思考。諮商過程中發生的這個插曲，證明她的否認情感相當強烈。

柳女士母親對待她的方式，完全是虐待。另一方面，柳女士也全面迎合母親的高度期望。如果只從這個角度來看，柳女士的母親堪稱一位「重視教育的父母」。旁人通常只能看到這樣的親子關係——「注重教育的父母和用功念書的小孩」。這種親子關係受到眾人歡迎，甚至是令人稱羨的。

然而，這些家庭的實際情況，往往不如表面呈現出來的美好。並且，這些不美好的一面通常被當作「家庭的秘密」。就像柳女士在作品《家族秘密》中所敘述的故事。柳女士其實完全不知道「自己遭到母親虐待」。

柳女士的內心還有另一個否認的情感。在成長過程中遭到虐待的柳女士，不認為「自己是被愛的」。她始終覺得「沒有人自己愛自己、需要自己」。

因此，她從小就啟動自我安慰的合理化防衛機制。

「媽媽很可憐」。

雖然柳女士這麼想，但她的母親卻是虐待柳女士的人。自己愛的人，其實在虐待自己。這樣的感覺從小就在柳女士的潛意識中形成。

而當她無處宣洩「討厭」的情感時，便將情緒向外延伸，產生行動化（Acting out）。

母性的真正意義

近三十年後，當我在諮商過程中問到「在妳心目中，什麼是理想的父母？妳希望怎麼在什麼樣的環境下成長？」，柳女士顯得徬徨、手足無措。

柳　理想啊，我想不出那是什麼樣子……

柳女士的母親對待女兒的態度，不具有母性的本質。我在前一本著作《壓力鍋下的孩子：都是規矩惹的禍》（中文版為台灣世茂出版）中曾談過，整體社會都有

「母性來自於天性」的迷思。我們稱之為「母性神話」，但就心理學的常識來看，這其實是錯誤的認知。目前，我們已經知道「母性」是由於荷爾蒙泌乳素和催產素的作用而形成，並且是後天習得的能力。母親愛護孩子，是學習的結果。

無法完全接受這一點的柳女士，小時候就被迫學會用大人的視野看世界。當她發現看起來很幸福的鄰居一家也有家暴，便將之解釋「無論看起來再怎麼幸福的家庭，都有不幸的一面」。這種老成且與她的年齡不符的合理化，就某一層意義來講，可說是「作家柳美里的原形」。

那麼，柳女士的母親為什麼會用那種態度對待女兒？

在心理諮商中，諮商師將當事人、母親、父親等家族成員視為一個系統。家人扮演著不同的角色並彼此互補（請參閱第四章），所以諮商師不會去尋找特定的「犯人」。尤其夫妻關係是雙向的關係，就像攝影中「正片」和「負片」的關係。而包含孩子在內的所有家庭成員皆彼此互相影響，形成「家庭模式」。心理諮商則有助家族的關係明朗化。

柳女士的母親離家出走與其他男性同居，夫妻處於分居狀態。她的家庭看起來解體成兩個部分，但其實並沒有。「解體」指的是完全斷絕關係，夫妻不相往來。

她的雙親雖然分居，卻依然互相影響。社會上存在著許多這樣的夫妻關係。這是因為雙親之間形成了「關係成癮」（Co-dependency）。

「為什麼要把我生下來？」、「我要是沒有出生就好了！」

內心充滿自我否定感的柳女士，十五歲就離開家裡，彷彿重獲自由。但實際上由於她依舊無法處理遭受虐待的事實，因此更加強化了否認和合理化的防衛機制。

後來柳女士自己當了母親。隨著兒子長大，她不知道該如何和兒子互動，並為此感到煩惱。

不愛自己的危險性

成長過程中受虐的柳女士，對自己不帶有一絲同情或憐憫的情感。低自我評價讓她只能向外宣洩抑制不了的憤怒。這就是「行動化」。

除了父母的虐待，小時候也曾經遭受身邊其他大人性虐待的柳女士，從國小開始就有所自覺，卻還是任由自己被性騷擾。這可以解釋為主動貶低自我價值的行為。

由於在家常態性的被貶低，因此在外面複製一樣的狀態，才得以讓柳女士感到安心。

性虐待是一種他人貶低自我價值的行為。遭到性虐待的受害者，普遍都有自我評價降低的傾向。在幼年時期經歷性虐待，進入青春期以後，便容易產生割腕行為，和無意識的傷害自己，回到家後才發現手腳沾滿血跡的解離狀態。

在我的諮商經驗中，曾經有幼年遭到性侵害而被母親拒絕的女性，在青春期以後即使遇到性騷擾，也不認為「自己是受害者」。這位當事人通學時，總是有同一個人會跟蹤她並對她伸出鹹豬手，但她在當下也不會向其他人求救，而是默默忍受。她是這麼說的。「因為我對猥褻自己的人感到不好意思」。我問她：「只要喊一聲『住手』就行了吧？」，她卻回答「如果我誤會了，就真的很對不起那個人。」

可以從他們的話中發現，包括柳女士在內，會產生這種反應的人，所具備的共通點是母親非常缺乏母性。比起自己正遭到侵害、侮辱，她們更習慣以加害者為優先考量。「被母親拒絕」的成長經歷（formative experience），導致她們產生這樣的行為。完全就像愛麗絲・米勒（Alice Miller 法國精神分析學家）在其著作《教養為始》（Am Anfang war Erziehung）中所述。

並不是所有的受虐者都會產生前面那種「社會性的自殺行為」。

其中也有適應良好的人。但是，他們仍然有過去的情感「潛伏」在內心的危險。並且，當他們自己為人父母時，很多人都會將危險殃及孩子，產生「冠冕堂皇的虐待」，也就是假藉教育之名展開攻擊，以利自己培育出資優生。跨越時空，產生外化行為，將內在的衝突情緒，向外延伸至孩子身上。

養鳥是一種自殺行為

柳女士的父親經常會撿小狗、小鳥等小動物回家。飼養鳥和小動物有助陶冶情操，基本上可以對孩子帶來正面的影響。但柳女士以父親沒有好好照顧撿回來的小動物為藉口，而背著父母殺死小鳥、傷害兔子。這種行為可以解釋為「變相的自殺」。而鳥和動物則可以解釋為柳女士的代表。

然而柳女士長大成人後，情緒激昂的時候，就會產生飼養動物的興致。她說「和小鳥玩可以讓自己冷靜下來」，不過飼養動物也可以視為她處理個人內在能量的行為。除此，柳女士過度熱中於運動導致受傷等，也表示她的行為特徵包含「負擔沉重」和「自我鞭策」。

「對自己來講，養育、照顧孩子是一個重責大任」的思維模式，就某種從層面來看也帶有自虐的意味。

值得注意的是，柳女士直到現在，都還執著於飼養鳥等小動物，而小動物則象徵著童年時期的她。這顯示出虐待的「印痕作用」對人的影響之大。柳女士長大後，依舊將自己投影到小動物上，因此她不斷飼養動物，隨著動物死亡，她的內心也產生激烈的動搖。

這就是我透過諮商，以整體角度觀察到的柳女士。

虐待會產生連鎖效應。很遺憾的是，相同的狀況也發生在柳女士的身上。

角色扮演遊戲與和諧親子關係

柳女士與兒子之間，藉由奇妙的「角色扮演遊戲」產生連結。遊戲的名稱叫做「蘭屋」，不清楚來龍去脈的人，應該猜不出到底是什麼東西。

柳女士的兒子從五歲開始就非常喜歡洋蘭，對蘭花相當著迷，會精進自己的分株技術來繁殖蘭花、定期訂閱《趣味園藝》月刊，並固定會參加「世界蘭展」。「蘭屋」的意思應該就是「蘭花之屋」吧。

柳女士的兒子從幼稚園起，就將遊戲取名為「蘭屋」。蘭屋的組織分成本部、通訊部、印刷部、旅行部、搜查部、野外研究部、實驗部以及烹飪部等，除了陸續增設部門，還發行員工識別證和報紙「蘭屋新聞」。

柳女士一開始只把遊戲當成「小孩的扮家家酒」，有一次她向孩子提議「關店」，想要「結束」這個角色扮演遊戲。然而孩子卻在學校寫了一篇「蘭屋永不消失」的作文，藉此向她抗議。

在「蘭屋」角色扮演遊戲中，柳女士和兒子的互動不會產生衝突。不但兒子不會受傷，其實柳女士也從遊戲中找到「舒適感」。柳女士自己也感覺到，只有參與「蘭屋」遊戲時，自己才不會在生氣、打小孩之後，又陷入自我嫌惡的情緒。

我們該怎麼看待這件事呢？

我認為遊戲中潛藏著柳女士兒子的「智慧」。「玩這個遊戲，可以改善關係」。也就是說，這是可以避免他們母子直接對決的一種智慧。這個遊戲對父母（＝柳女士）的壓力小，所以即使他知道「這不是真正的母子關係」，也甘於享受這樣的關係。

雖然我不認為「這種關係是明顯的問題」或危險，不過「蘭屋角色扮演遊戲」並不是值得嘉許的親子關係。因為這樣的關係是在孩子承受壓力的前提下，才得以成立。也就是說，孩子首先察覺父母的期待，再採取行動，以創造對自己有利的關係（第四章）。

像「蘭屋」一樣，由孩子主動建立的親子關係，算是比較少見的。本質上相同的親子關係，最普遍出現的型態是「父母不斷檢視孩子的問題行為」。我在後面會進一步說明這部分。

雙面的騙子

兒子「為什麼說謊」令柳女士困惑不已，還有兒子為什麼不肯放棄「蘭屋」角色扮演遊戲。這兩個問題的本質是一樣的。只是大人對各種現象的評價不一罷了。

柳女士的煩惱和「蘭屋」在哪一方面相同？柳女士部落格上的某篇文章，曾經在網路上引發爭議，那一次她帶著兒子入住受訪的飯店，兒子騙說在飯店「弄丟」她的鉛筆盒，被騙得團團轉的柳女士，直接在飯店櫃台甩了兒子耳光。在這次事件中，兒子因為剪自己頭髮的自傷行為而遭到柳女士責備，雖然實際上他「用鉛筆盒裡的剪刀剪了自己的頭髮」，但捏造與事實完全顛倒的藉口，他才能抓住母親的弱點，也就是「禁止說謊」。

踩到這個底線，媽媽肯定會生氣。也就是說，孩子扮演著在家中的「角色」，藉此才能維持家人之間的關係。讀了本章的讀者，應該可以感到柳女士兒子的主動性。

孩子老是在家裡表現出小小的問題行為。父母會罵：「你怎麼一直這樣！」小孩在家和在學校的不當行為，會遭到父母責備。「又來了」、「這個孩子講不聽」的「迴路」形成後，竟然會為親子之間帶來穩定的關係。其中，也有小孩會不斷的做出可以獲得大人讚美的行為，雖然這些是大人帶著有色眼鏡做出的評價，對孩子而言價值不是固定的，不過從人數上來比較，藉由問題行為引發大人關注的孩子還是比較多。我們必須注意的是，在符合父母價值判斷的固定化關係裡，父母眼中的「好行為」或「壞行為」，在構造上其實都是相同的。因此，即使是「乖巧聽話的」小孩，我們也必須關心其家庭關係。

柳女士為什麼最無法忍受兒子「說謊」？

那是因為柳女士自己活在「謊言」中。

柳女士對兒子的虐待，是否認自己說謊的心理作用。她活在不願意面對自己真實情感的謊言中。

兒子進入父母的否認和合理化作用循環中，只能不斷對母親說謊。說出來的都是很不自然的謊言，只好用更多謊言來圓謊。兒子透過說謊行為，完全戳中柳女士的「弱點」。柳女士對兒子的行為進行合理化，極力堅持「一定要改正」。前面介紹過的《家族祕密》中「鉛筆盒遺失事件」、以及書中後來的「順手牽羊事件」都完全和這樣的合理化行為一致。兒子的行為不過是映射出母親心理狀態的一面「鏡子」。

柳女士對兒子的行為感到「火大」，並進行虐待。那一瞬間，她進入「兒子說謊就等於踐踏自己的底線」的合理化模式，因此沒有自覺到自己對兒子暴力相向，但虐待行為停止後，取而代之的是罪惡感。從柳女士的立場來看，這是因為主觀和客觀意識交互為換而產生的變化。

透過進一步觀察，這也是柳女士文學的「寫作風格」，更影響了她字句中的涵義。我們也可以說，對於柳女士而言，小說，也就是創作虛構故事，是一項換置主觀與客觀世界的作業。

柳女士藉由創作小說的行為，消耗滿溢出來的能量。其作品中的私小說*，也就

*譯註：私小說的特點為取材於作者自身經驗，採取自我暴露的敘述法，是一種寫實主義的文學風格。

是非小說的部分顯得相當重要，讓我們得以瞭解柳女士本身的狀態。在剖析她的作品時，或許也可以說，柳女士自己也有相同感受，在心情苦悶之下誕生出柳美里文學。

嚴厲講來，柳女士說謊的對象，不僅存在於虛構的小說世界裡，也存在於現實世界和現實的家庭中。兒子之所以說謊，正是因為看穿了母親「否認說謊」的本質。兒子雖然不知道這是不是對的，但他接受了這一點，並讓家族發揮功能。其實柳女士的兒子就「厲害」在這裡。

我認為不能只將這樣的關係歸咎於父母，父母身邊的複雜壓力也是很重要的因素。就這層意義而論，光是靠父母或家人，難以解決家庭的問題，必須回溯至父母本身的成長背景，從中尋找解答。因此，「覺察」是必要的。

壞學生的求救訊號

柳女士抱怨「兒子經常在學校惹麻煩」。我說「那是孩子的『控訴』，不能輕忽這些行為背後的本質」。柳女士反駁我的說法。

柳　但他的行為對學校造成很大的困擾，例如亂拔同學用心栽種的作物、破壞物品、將墨汁從窗戶倒下去，弄髒學校的牆壁等，這種事沒完沒了。

柳女士「正當化」自己責備兒子的理由，然而她正當化自己的理由時，忽略了一件事。兒子在學校被視為「問題兒童」。孩子主動製造了這樣的環境。兒子藉由自己的行為，向學校的老師發出家庭問題的求救訊號（第六章）。假設學校教師能接收到訊息，就可以由校園輔導老師介入，與家長會談並告知孩子的訴求。

只要家長一開始能感到「不知所措」，就能開啟「修復」家庭關係的道路。

但是，現在的學校和教師，必須處理「怪獸家長」等過去不存在的問題。光是想到這些外務，就令教師們心灰意冷。

下一章，我要繼續透過柳女士的諮商過程，探討心理諮商師如何修補親子關係。

第8章　柳美里的心理諮商記錄2　重生與心理諮商師之眼

無自覺母親所帶來的「虐待的世代連鎖效應」

我持續與柳女士諮商，進行深入晤談。

柳女士在諮商中對自己的行為「進行否認與合理化，卻也沒有想要粉飾這種行為的意思」。柳女士在我面前，沒有流露出對待兒子的那種嚴厲態度。在其他人面前大概也是如此吧。我認為柳女士與兒子相處的時候，很容易發火並自動進入合理化模式，但一跳脫這個模式，馬上就會懊惱「應該管好自己的情緒」。

這個行為本身就是柳女士發出的求救訊號，也帶著「希望有人聽我說話」的強烈訴求。但與柳女士實際進行面談時，我發現她以否認作用擋住自己的表情和態度。雖然我以坦率的態度展開互動，她卻不想讓人看見面紗下自己的真實樣貌。在諮商過程中，經常可以看見她運用這種心理防衛機制。

我從幾個不同的角度拋出問題，不過柳女士依舊「無法吐露」遭受虐待的真實感受，對於揭開自己的真實情感，運用強烈的否認作用。

但是，我仍然注意到一個「訊號」。

儘管柳女士的表情沒有變化，卻出現手部動作。柳女士會不自覺的用左手的指甲去捏或刺自己的右手，說話時攻擊力道更大。

心理的防衛機制

折磨著柳女士的否認和合理化作用，稱為「心理防衛機制」。簡單來講，就是逃避「挨罵、被討厭」的恐懼。這是一味認為他人具有惡意，所有行為都意圖不軌，預防自己「中計」的心態。不難想像，這樣的心態會對個人造成相當大的壓力。

在我的講座課程中，有一位總是把「對不起」掛在嘴邊的男孩。害怕被討厭，「先道歉就沒事」的心理防衛機制，導致他產生這樣的行為。但是，明明不必道歉卻一說對不起的行為，最後會可能會使人質疑道歉的誠意。

這種時候，就必須借助諮商的協助。

心理諮商可以採取不同的治療方式，而我運用的是行為療法中的「負增強」。我這麼對他說。

「當你在不必要的時候說了『對不起』，你就要打『我的手臂』。」

也就是說，讓當事人做他不喜歡的事當作「懲罰」，一般人會認為應該是讓他「打自己的手臂」，或由我執行處罰「打他的手臂」。但這樣的作法等於使他「處罰自己」，會變成強化他的心理防衛機制，導致他打自己的手臂打到「上癮」，而無法改掉「愛說對不起」的習慣。

這只會造成反效果。所以身為他人的我，讓有自虐傾向的他做毫不相關且最不喜歡的事，也就是打我的手臂，其實具有重要的意義。

改變模式，廣為流傳的割腕自殘

「打自己手臂」的行為，與常見於女性的割腕行為類似。稱為「自傷行為」，帶有自我懲罰的性質。

這十幾年來，「割手腕」的行為逐漸受到社會關注。但是，近來有愈來愈多「變相的割腕行為」。

觀察這些女性的手臂，就可以看出這個變化。例如，她們絲毫不在意手部皮膚破裂、指甲兩側脫皮、燙傷痕跡及撞傷的瘀青和傷口。不僅如此，還會出現過勞打工、將自己的生活排滿行程的症狀。也就是說，除了割腕，自傷行為還會以各種形式表現出來。行程滿檔和割腕行為一樣，潛藏著「孩子的危機」。雖然非常難以判斷，不過釐清現象與原因之間的關係相當重要。

產生自傷行為的孩子，所具備的共通點就是「低自我評價」。

「我是骯髒的人」、「我是噁心的人」。有一位女同學總是笑臉迎人，是大家眼中的人氣王，但她卻這麼對我說。我在課堂上發現這位女同學會無意識的用拇指扣住衣服長袖口，遮蓋自己的手腕。因此下課後我把她叫出來，對她說「有什麼事都可以找我談談」。

她開口說的第一句話竟是「對不起」。當我說：「不用跟我道歉啊。妳已經很努力了，不是嗎？我都瞭解。」時，她哭了出來。通常她都是笑嘻嘻的，在班上人緣很好，也很用功念書。但是，當內心光明和陽光的一面受到讚賞，她就會越急切的想要否定那一部分的自己。她說「我是骯髒的人」。這也是一種變相的「自我抽打」和「割腕行為」。

為什麼會出現這種想法呢?真實的自己無法被接納、旁人的期待過高,父母和周遭人製造出來的「光環」,埋沒、否認了她自身的「光芒」。「自己很窩囊」的「黑暗面」導致她走向自我懲罰之路。

作用於潛意識的諮商

我的諮商工作,主要就是在解開這些「合理化」和「否認」作用。

想要解決這些問題,必須去觸碰當事人的過去和家族秘密,過程中當事人會拒絕透露「家族秘密」和「面對過去」,而我們必須去對抗這道「否認的高牆」。

這麼說或許會讓人感到意外,不過說出家族的秘密其實是相對容易的。不想暴露家族的秘密是輕微的否認,不願意面對自己的過去,則是深層的否認。從《家族秘密》中的敘述,就可以知道柳美里女士比較能順暢說出家族的秘密,但面對自己的過去時,她運用頑固的否認作用,而且記憶相當混亂。

心理諮商師又是怎麼看待、處理這些問題?

在心理諮商中,諮商師會聚焦於當事人的「潛意識」。

例如，我曾經諮商過一位母親和她二十幾歲的女兒。由於晤談中從頭到尾媽媽滔滔不絕，所以我中斷媽媽，「請等一下」並鼓勵女兒開口。女兒說話的時候，媽媽卻望著窗外。等女兒的話說到一個段落，我問媽媽「您怎麼了？」而媽媽是這樣回答的。

「沒什麼，我只是沒在聽。」

也就是說，女兒說話的時候，這位母親啟動心理機制，將女兒的話隔離在意識之外。

另外，我也曾經諮商過一個五人家庭，成員包括父母與三位兒女。每個人都有自己的獨立座位，但唯有母親緊緊黏著其中一個小孩。這也是潛意識的行為表現。

就像這樣，諮商目的在於促使當事人察覺自己無意識的行為。「為什麼無法聽女兒說話？」、「為什麼會這樣做？」讓當事人意識到自己的行為。前面介紹過搖著頭說「是」的孩子也是潛意識所發出的訊息。諮商師不僅要懂得聆聽，還要觀察當事人所沒注意到的訊息，為他們說出來。

當我說出這個孩子矛盾的動作時，他哭了，而很多人被指出這種「無意識的行為」時，會感到「為什麼偏偏是這種時候」並邊笑邊哭。

「傷心的時候大哭一頓」，人就會開始轉變。「笑口常開」被社會視為理想人格，但我懷疑她們是否真的如外表所看到的那樣。

脫離現實的「模範」父親

父母與子女一起參與諮商是很常見的事。柳美里女士也希望父親能一起進行晤談。

與柳女士的父親晤談，就某一層意義而言，是相當壯烈的決定。在《家族秘密》中逐字記錄了晤談的內容。

初次見面時，我說「伯父，您好」，她的父親也與我握手問好，而我在晤談開始後，立刻覺得「真是個厲害的人」，可感受到他的內心布下層層的「機制」。與父親晤談時，他一再強調自己具備「唯心」的思維，也就是主張「心靈重於一切的生活方式」。然而，當我們談到柳美里的母親，他卻接連說出完全相反的話。

父親說母親（妻子）不斷索求昂貴的東西，的話中出現多次「貂皮大衣」、「紅色本田喜美轎車」等物品名稱，還有「四千五百萬日圓貸款」、「一億五千萬日圓的大樓」等金額。

父親對自己的看法也滿奇怪的。他表示自己重視心靈生活，卻很喜歡名牌，行為原理很明顯是以物質為主。理想與現實之間的落差過大，並對此產生強烈的否認和合理化作用，這是我對柳女士父親的印象。

晤談的過程中，父親運用一連串的合理化作用，停不下來。我聽著他說話，很難請他暫停，卻不忍中斷他的談話。為了拯救自己，他鼓起勇氣前來諮商，想必對自己的精神造成很大的負擔。這麼一想，就可以理解為什麼他一開始就伸出手想要和我握手。因為他在我身上套用「理想化客體」（primitive idealization）的心理防衛機制。這是嬰幼兒無條件將母親視為「好人」的心理機制。諮商過程中展現的否認和合理化，與這個機制也息息相關。

從父親的話中，我可以強烈感受到「任何事情必須一清二楚，否則會感到不安」。這也可以說是另一種機制。

他為自己打造「框架」，白是白，黑是黑，黑白不分的情形，會造成焦慮。他以這樣的行動維持自己的生活秩序。

我鼓勵柳女士與父親展開直接對話，不過父親在諮商時，從未直接對柳女士說話。

父親害怕「邏輯出現破綻」，是「語言的信奉者」。說話時，他絕對不允許自己的理論有缺失。但實際上話中已經出現破綻。

柳女士離家出走下落不明時，父親將原本放在家中柳女士的照片移除。柳女士後來回到家，發現自己的照片被拿掉了，認為父親的作法很冷酷。但是，那時候的父親，其實陷入了不安的感覺。由於擔心柳女士「在外面遭遇不測」，然而，為了消除內心的不安，轉而想「眼不見為淨」。並且，採取移除照片的實際行動，以消除不安感。這樣的態度頻頻被誤解，無法將真正的心意傳達給柳女士。

父親的話從「對話」變成「演講」。演講是單向的溝通。其中帶有否認父親過去的強烈意圖，這樣的意圖與現實融合，形成另一種折磨。

但這種說話方式，同時也是在為自己的話尋求「伴奏」。是一種渴望「連結」的表現。意思是，演講也是家庭成員間彼此互相影響下的結果，是父親藉此表達與社會和家庭產生連結的渴望。

我在諮商中有向柳女士暗示這一點。不過我不確定她是否注意到。因為從柳女士的臉上，幾乎看不到任何表情變化。

柳女士聽著父親說著不符現實的話，最後終於按耐不住的說：「跟現實情況不一樣」、「沒說關於賭博的事」。

家庭秘密造成的悲劇

就像柳美里女士的家庭一樣，所有的家庭都藏著大大小小的秘密。但如果秘密沒有被揭開，而是單方面形成對孩子的壓力，就可能帶來毀滅性的結局。我想先暫停討論柳女士的諮商，來談另一個由我進行心理鑑定的社會案件。

這起案件的導火線是一名接近30歲的男性，他深夜去找母親一起吃飯，喝了一些酒，回家途中遇到一個騎腳車的可愛女生，便故意去騷擾對方。起訴的罪名是強制性交致傷害罪。

該名男性向前來面會的律師坦言，自己過去曾經遭到猥褻。這是他第一次對別人說這件事。

這位男性幼稚園大班時，由於母親再婚，所以和繼父的兩個小孩成為兄弟。一個是國二、另一個是小學高年級生，輩分都是哥哥。但是，就在他即將上小學前，大哥開始對他進行猥褻。一開始是在他面前自慰，後來晚上一起睡覺時，大哥會強行脫下他的衣服，舔他的全身和性器官，他也曾被強迫舔大哥的性器官，泡澡時大哥也會舔他，甚至以手指插入他的肛門。最後，連二哥也開始猥褻行為，這樣的性虐待持續了六年，次數多達數百次。

被猥褻時，他會假裝睡著。雖然母親也睡在同一間房間，卻沒有發覺不對勁。他從不曾告訴母親自己遭到性虐待。

為什麼？因為母親是家裡面唯一與自己有血緣關係的人，但同時也是繼父家暴下的受害者。他不想再徒增母親的煩惱和擔憂。

我到拘留所與他會面時，建議：「最好把你今天說的事情，都轉達給你的母親知道」，他卻拒絕表示「絕對不要」。

他遭到性虐待時，運用了心理防衛機制，以逃避面對殘酷的現實，在腦海中空想各種情景。包括自己被人用刀刺殺，或者自己殺死動物等，各種比現實遭遇更驚悚的場景。透過想像，他才可以轉移注意力。除了否認還不夠，他必須在幻想中進行極度的合理化作用，才能讓自己得以喘息，騙自己「我不是性的犧牲者」。

長大後的他個性憨厚、害羞，不是那種會隨便搭訕女性的人，事發當天，他到一間餐廳與母親吃飯，有一位喜歡老闆娘的熟客也來了，和老闆娘打情罵俏起來。看到這幅景象，他內心突然湧出一股強烈的怒氣。由於從幼兒時期開始便遭到性虐待，而這個怒氣顯示出他對性的厭惡感。

他在店裡和母親聊天，但一開始想像老闆娘和那位熟客的後續發展，他就不禁感到怒氣在心裡沸騰。在那一瞬間，他開始幻想「自己被亂刀刺殺」的景象。

處於這種特殊的心理情境中，因此他在回家途中犯下這起社會案件。

這起事件的審判採日本的裁判員制度*1（類似陪審團）。律師努力為他進行辯護，反對讓他入獄服刑，主張應該使其接受社區處遇*2（不判緩刑，而是接受治療，加強監控），以期心理治療的效果。矯正機關人員並擔任情狀證人*3，為他提出有利的證詞，但最後還是被判決入獄服刑。

這位男性對判決結果感到震驚。在法院公審中，市民選任的裁判員嚴厲指責「只說有利自己的謊言」，然而從專家角度考慮他對母親有苦難言的心理，以及所忍受的性虐待，我認為他說的是實話。

---

*譯註1：自一般國民中選任裁判員參與刑事案件（第一審）審理程序，與法官一同組成審判庭出席審理程序。

*譯註2：不將犯罪者納入監獄等機構，讓其能自由於社會中生活，並接受專業工作人員的輔導與訓練，直到完全適應社會規範為止。

*譯註3：檢方就證明被告確有犯罪、補強被告自白之證人、辯方聲請之證人。

在其他成人性犯罪中，也可以看到類似的情況。有一個母子相依為命的家庭，母親為了生活必須外出工作，雖然擔心獨留在家裡的兒子，但孩子只能在家裡孤單一個人。

兒子長大後，因涉嫌犯下一二〇餘起性侵害案而遭到警方逮捕。我與兒子的母親會談時，母親直說他是個懂事的孩子，從前自己外出工作，他都自己一個人乖乖在家讀書。兒子從來沒有向母親表達過自己的孤獨感受。由於多次因性侵罪入獄，每每被逮捕時都會發誓「絕對不會再犯」。我第一次與他見面時，他用認真的表情說：「不想再讓媽媽擔心，我要做個有出息的人，好好照顧媽媽。」這樣的逃避心態與幼時遭到繼兄猥褻的經驗連結在一起。

日本社會對這類事件的態度大多相當嚴苛。相較於過去僅由專業法官進行審判，日本自二〇〇九年開始實施裁判員制度，性侵害案件出現從重量刑的傾向。我曾經站在證人台上，親身體會到說服裁判員是多麼困難的一件事。入獄服刑目的在於使受刑人從事勞動作業，產生悔改反省之意，矯正則是讓受刑人瞭解自己的問題，促其接受感化教育，以期矯正身心的效果，最典型的例子為少年觀護所。我深刻感受到，不僅社會大眾完全不知道這兩者的差異，裁判員也不理解其中的不同。我想這與社會大眾普遍單純期待嚴刑峻法的想法有關。

但是沒有人去探索其中的病理在於「家族的秘密」。僅僅讓受刑人入獄，解決不了家庭問題和本書所提「負擔沉重的孩子」的心理問題。由於社會尚未伸出援手，因此我們可以預料，這類重大事件還是會繼續發生。

ABCD人格理論的運用

請回想一下柳女士初次與我晤談時提出的第一個問題。

「老師，你會用常識看待事物嗎？」

其實所有即將接受心理諮商的人，多少都會有這樣的疑問。「不可虐待他人」是一般的社會常識。而她會這麼問，也是擔心自己違反這項社會價值觀。

柳女士以自身的成長環境為主題，出版了多部小說，而寫作再怎麼說都是一種間接表現，作者可以自由控制故事內容。

第一次直接面對自己的內心，當然需要下定決心，因此必須再三加以確認。確認接下來將展開談話的對象，是不是真的值得信賴的人。也確認對方是不是一個可以吐露家族秘密的好對象。當然，也是在「測試」諮商師。

「會說什麼？會發生什麼事？」

前一章寫到，我以這樣的態度等待著她的測試。並且，仔細分析當事者提供的材料和分享的事情。當事人懷有的悲傷和哀嘆，都一定有其意義。

如何捕捉人的心理，是諮商的基本工作。現代心理學已經從心理觀是「與生俱來的氣質、性格，無法輕易改變」的古典觀點，轉為「觀察當事人心理狀態」、「思考如何才能使當事人跳脫舊思維」。諮商師主要的責任是提供當事人精神上的援助，協助當事人覺察並改變固定的思考模式。

心理諮商師如何發揮具體的作用，是由當事人投出的訊息來決定。

例如，我曾經與一位八十七歲的老奶奶晤談過。她的想法是這樣的。

「女人天生就是勞碌命，注定要犧牲自己。就算如此，我還是覺得很幸福」。

所以我對她說：

「奶奶，我看見你身邊另一個在哭泣的老奶奶喔。」

聽到我這麼一說，老奶奶便出現激烈的情緒起伏。

心理諮商師會針對當事人的「認知」，採取各種治療技術。例如，創立認知行為治療法的阿爾伯特・艾利斯（Albert Ellis）所提倡導的「ＡＢＣＤ人格理論」。Ａ（Activating Event）代表「引發情緒和行為後果的客觀事實、人際溝通及外部環境」，以柳女士的虐待案例來講，對應這部分的是「兒子說的謊話」。

Ｂ（Belief）是指「當事人對於客觀的外部事實（事件）和人際關係等所抱持的信念、認知及想法」，柳女士在這部分顯示出「又說謊了，不可原諒」的認知。Ｃ（Consequence）是「個人所抱持的認知、信念及想法對情境產生的情緒和反應」，例如以「雖然打了兒子。但說謊是最差勁的行為」的理由，正當化自己行為的反應。Ｄ（Disputing）的意思是「面對衍生出各種心理問題和不適應狀態的不合理信念，提出合理的駁斥和有效的反駁」。

反駁與干預的部分，也可以由心理諮商師進行。以剛剛老奶奶的案例來看，針對她ＡＢＣ部分的「舊有思考」，我提出「妳的一些情感，被遺棄在這樣的想法之外」的反駁。另外，在與柳女士父親的諮商過程中，我也曾經反駁她父親的說法。

「如果你是唯心論，你應該重視心靈勝過契約吧？」

與柳美里本人晤談時，基本上我不會反駁她的話，而是問她「怎麼回事」協助她找到答案。也就是說，我期待柳女士可以主動發掘D的部分。相較於此，柳女士的父親帶著自己的認知前來諮商。

也就是他在諮商中，強迫別人接受自己的認知。這是否認的機制。

因此，我「順著」父親的ABC作出回應。仔細閱讀過《家族秘密》的讀者，應該能發現我針對柳女士和其父親，採取不同的諮商方式。「您雖然這麼說，但其實不是這樣吧？」我多次反駁她的父親。

針對不擅長進行認知層面對談的人，也可以透過鼓勵其採取行動以喚起覺察。「請試看看這樣做」、「下次諮商前，請做這件事」等，以「出功課」的方式展開諮商。運用這些方法，搭配艾利斯ABCDE人格理論中的「E」。

E（Effective New Belief, Effective New Philosophy）是指可以預防情緒低落及感情惡化的有效新信念。過去的人生落入ABC的循環中，以D為契機，將行為模式轉換至E。如此一來，若能藉由反覆採取新的行為模式，切割否定的情感讓心情變好，獲得新體驗，認知行為療法便可說發揮了效用。

「作夢」的意義

接下來，要說明的是我運用了哪些策略，讓柳女士進入「E」的階段。

在諮商過程中，我嘗試喚起柳女士的「自我」。

自我（self）結合了意識與潛意識，是整體精神的中樞。否認等防衛機制，即是由自我所掌控，因此我不僅要觀察柳女士意識中合理的思考，也要傳達訊息至潛意識部分的自我。經常聽到的「作用於潛意識」，實際上就是這麼回事。

當事人在諮商過程中，視線朝向哪裡、表情動作等，都會表現出自我。諮商師聆聽當事人說話的同時，其實也在觀察這些細節。初次與柳女士見面時，尚未決定是否要正式進入諮商。由於還沒訂定方針，所以我便先試著喚起柳女士的自我，不過當時柳女士沒有任何反應。

這可能是因為柳女士內心的否認和合理化作用相當強，導致我的訊息無法傳達至她的自我。

然而，當時柳女士的左手，不自覺的開始攻擊右手。她沒有發覺她的自我已經開始有動作。柳女士的自我接收到我的訊息，即使在意識層面上沒有產生自覺，但內心深處早已對此做出回應，主動運作起來。

這是進入「E」階段的開端。其實來到這個階段，諮商也可以說是「步入軌道」了。

「情緒起伏」與夢境的關係

「以後如果有夢到奇怪的夢，請將夢境記下來。」

第一次諮商結束時，柳女士離開前，我這麼交代她。這是向自我發出的訊息。

柳女士隔天晚上做了一個夢。柳女士夢見「一位穿著黑色衣服的男子」，站在床邊朝下望著她。「不像在生氣，而是悲傷的俯視著」的男子到底是誰？這是柳女士和我展開探索的開端。

夢是掌握當事者潛意識的有力線索。我認為出現在柳女士夢裡的那位男性，是分析心理學創始者榮格所說的「智慧老人」（The Wise Old Man）。智慧老人存在於內心，當人面臨人生重大成長與轉變時，可以為人指引方向。

柳女士一直想「解開這個謎」，結束諮商後，她終於發現出現在夢裡的「智慧老人」，其實就是自己。

我在最後一次諮商中解開的柳女士的「夢」，具有象徵性的意義。夢中出現「過去的柳女士」和「未來的柳女士」兩人。在夢裡，過去的柳女士從大樓頂樓跳樓身亡，柳女士想找尋屍體，卻沒找到。這意味著她捨棄了舊的自己。專業術語稱之為「死亡與再生的課題」。

《家庭秘密》中所描述的三場夢境，可說是柳女士自己的「潛意識衍生出的劇中劇」。剛開始的時候，被否認和合理化作用束縛住的柳女士，夢裡出現這位男性。柳女士並不清楚這位男性是誰，又代表什麼意思。同時，柳女士也注意到頻繁出現在夢裡的「還有五個月」這句話，經過這些覺察，最後她終於「瞭解」到，「男性」是她在諮商後具有新觀點的自己，「五個月」則剛好符合諮商的期間。

柳女士對於「最後的夢」所產生的理解，老實說出乎我預料之外。「靠我自己做不到『重生』，所以我把這項任務交給睡在身邊的男子」。這是她脫胎換骨後全新的生存方式。自我開始運作，以完全不同的形式，象徵性的展現諮商的最終目標。這樣的結果實在超乎想像的好。我甚至非常驚訝，為什麼她可以解釋這樣的夢境，並從中探索出新的意義。「牽著另一個自己的手，繼續前進」，柳女士有了這一層的理解。這代表過去所否認的自己、其分身及嶄新的自己，將背對「天色猶亮的黃昏」，在陽光輝映下往前邁進。雖然我有豐富的諮商經歷，但能洞察出夢境的奧義，並使其意義對日常生活產生影響的當事人，實際上並不多。

為什麼柳女士可以理解自己的夢？我認為有幾個理由，其中之一就是柳女士的心中，符合了所有重生的條件。她內心自我的力量已經成熟，並做好萬全準備。

這場諮商原本就是在柳女士主動要求下展開的，因此她心裡也認為有必要找出並接納自己內心的黑暗。如果是因為有人勸她來或純粹只是義務感使然，則無法如此順利達成諮商目標。或許可以說是時機成熟。柳女士自己也體會到「長谷川醫師激發了自我的力量」吧。

在殘酷家庭關係中成長的柳女士，至今還沒崩潰，就某種意義來講，也算是奇蹟吧。實際上，她也曾經跳樓自殺獲救。在經歷種種事件後，柳女士以「生還者」的身分活了下來。真是不折不扣的奇蹟。

從諮商師的角度來看，我不認為柳女士的諮商比其他案例特別或稀奇。她是典型的童年有過受虐經驗的當事人。她詳細敘述目前的家庭問題，和在這樣的家庭中受傷的孩子為人父母後，繼續傷害下一代的家族悲哀。柳女士的《家族秘密》並不是她個人特殊經歷的自傳，而是透過戲劇化的方式，運用文學家的語言，將社會中普遍的事件，昇華成前所未有的文學表現。

我認為這是一部綻放光彩的絕佳作品。

為時好時壞的狀況而苦，邁向治療的道路

那麼，後來柳女士有什麼改變？

在《家族秘密》的最終章「家庭牢籠之中」裡面，柳女士描述了與我諮商後的心靈軌跡。在前面諮商過程中，我陪伴柳女士進行了一趟心靈之旅，但我不清楚「後續的變化」。因此我興致勃勃的閱讀了這一章。

柳女士直接面對自己強烈否認的過去，結束諮商後，又再度回到獨自一人的狀態，無論是精神或肉體，都承受了相當大的痛苦，她在最終章中深刻的訴說這段歷程。在諮商中決定重生的人一旦回到家庭，必定會經歷一番「掙扎」。當事人或許會感到相當辛苦，但不用擔心。因為就像柳女士一樣，願意接受諮商的人，她們的「自我」已經開始行動。不可能會退卻。

她與兒子之間當然也形成了全新的關係。「兒子做惹人生氣的事↓媽媽發火」這種固定模式宣告結束。兒子開始會自主思考、行動，並顧慮柳女士的感覺。就像一夕之間長大一樣。請注意，我只與柳女士進行諮商，從來沒有見過她的兒子。是

柳女士的「覺察」、柳女士的自我甦醒，促使她們之間的關係，產生如此大的變化。

柳女士在述說與兒子去東京看「世界蘭展」的感想時，寫到她僵硬的執行我的意見「和兒子說話時，儘量運用形容詞」。丟掉親子關係中固定化的互動模式，建立新的溝通方式，表達自己的心意。「漂亮」、「美麗」、「好吃」、「快樂」、「高興」……她的敘述讓我覺得，嘗試改變時越是笨拙、本人越感到不自在，就越可能建立真正的新家庭關係。

諮商告一段落後，對於想要脫胎換骨而陷入危機狀況的當事人，諮商師有時還會伸出援手，但通常不會再與當事人會面。因為沒有必要。柳女士也不例外。

柳美里女士後來也進入壯烈且踏實的重生過程吧。從柳女士過去承受的生命重量來看，我恐怕不認為她可以馬上恢復安穩、幸福的日子，但柳女士自己一定可以探索出迥異於過去的「柳美里」，而柳女士的讀者也可以發現耳目一新的柳美里文學。

第9章 打造全新的親子關係，共同迎向未來

孩子最希望父母做什麼？

心理諮商師究竟扮演怎麼樣的角色？

無論是誰、無論是任何問題，與當事人建立信賴關係，使他們在相對比較短的時間內找回「自己」，解決當前的課題，而陪伴他們展開「革命」的就是諮商心理師和臨床心理師。我非常希望大家可以重視這個角色。

有些人小時候沒有什麼特別的問題，成長的一路上都是「乖巧懂事的小孩」。從父母的立場而言，照顧乖巧的孩子肯定比較輕鬆，然而很多案例告訴我，孩子隱藏自己的真心話，最後自食其果，幾年後開始承受著相當大的煎熬。

孩子成人後，以料想不到的方式，將過去的憤恨發洩在父母身上……社會中其實存在著不少這樣的親子關係。

本書在前面稍微提過「成人化兒童」（Adult Children）。日本自一九九五年開始運用這個字，並直譯為「成人化兒童」，意思是「由於幼年時期無法像個孩子一樣悠哉自在的生活，因此長大後過得很痛苦的人」。我說過這不是正式的診斷名稱，但這是因為當時這樣的想法取得多數人的共識（現在有愈來愈多專家對此提出異議）。

「成人化兒童」的理論，是瞭解人類的途徑之一。因為這樣的人將幼時不愉快的情緒壓抑在內心深處，導致現在活在痛苦中，所以不妨轉個念頭，告訴自己這個痛苦「不是自己造成的」。只要念頭一轉，就可以停止自我否定，拯救自己。但是，如果將憤怒的矛頭指向父母，則親子間容易發生衝突，互揭瘡疤而找不到解決問題的開端。

最近很多來找我諮商的案例，都是這樣的情況。青春期處理不了與父母之間的對峙，直到三十~四十歲為人父母後，才開始爬梳內心世界。在諮商室中，可以盡情訴說對父母的不滿。諮商即為自覺心中的不快，說出來並達到淨化目的的過程。

那麼，很多本書的讀者，應該都處於「兩種完全不同的立場」吧？一種是教養孩子的「父母」立場，另一種是曾經也當過「小孩」的立場。請將心裡的這兩種立場重疊。把你幼年時期的感受，投射在自己的孩子身上。

小時候，你希望父母怎麼對待自己？

想要父母多關心自己吧？還是不要管那麼多？父母認識的是真正的你嗎？還是與真正的你落差很大？當時的你，希望母親（父親）如何瞭解自己？

像這樣，回想過去的點點滴滴，就能有所體悟。

像是「為什麼不能多體諒我的心情」、「希望父母更相信自己，讓自己獨當一面」、「父母真的愛自己嗎？」等擔心和不安的情緒。

反過來講，小時候可以盡情對父母吐露真心話、受到父母信賴的人，則可以成為堅強的人。主動判斷，採取行動。這麼一來，一點簡單的快樂就能滿足小小的心靈。因此，父母就算感嘆「不懂小孩在想什麼」，倘若能以「順其自然」的態度看待，就是很棒的父母。

「理解」孩子的想法

如果詢問正處於青春期階段的孩子，對父母有什麼想法，通常都會得到相當類似的答案。

「很盧」、「跟我沒關係」、「不知道」、「希望他們離我遠一點」。

單純聽到這些話，可能會以為孩子和本書說的不一樣，不想「得到父母的理解」。

反過來，父母也可能察覺到孩子的態度，小心翼翼與孩子接觸以避免惹孩子不高興，一旦孩子的行為讓自己失望，也可能因為「不懂孩子在想什麼」而感到失落。

當然，以這種方式理解、回應孩子說的話是錯的。大人必須探索出小孩子說「煩死了」的時候，其中所隱含的複雜「感受」。

連瑣事都要管、做什麼事都被罵，不做也挨罵、老是囉嗦一些令自己煩心的事情、搞不清楚狀況就擅自為自己決定、很愛抱怨別人和社會…孩子其實不需要這種「父母心」。

這樣的情況下，孩子在家還會緊張兮兮，必須保持警戒，避免自己冷不防的被父母的話傷害。如果孩子只想要平靜的日子，卻因此心力交瘁，總有一天內心的憎恨會逐漸膨脹，甚至「希望父母消失」。「煩死了」這句話真正的意思是，對父母干涉且否定的態度感到「厭煩」。

最近，青春期孩子殺害父母或祖父母的事件層出不窮。很多造成這種悲劇的孩子，在大人眼裡都曾經是「乖小孩」，這個事實已經普遍成為社會共識。

這些孩子在父母面前，連覺得「煩」的感受都要壓抑著。

現在為人父母的一代，小時候沒有「很盧」這種用語。不妨想像一下「很盧」到底指的是哪種情況。

小時候，家裡有沒有「很盧」的人？為什麼覺得他「很盧」呢？並且，在產生「很盧」的感覺之前，你希望他做什麼？

其實，所有的孩子都渴望藉由與父母聊天，讓父母瞭解自己的想法。瞭解和知道是兩回事。瞭解是指知道以後接受＝分享，產生心靈的交流。「我瞭解你的意思，但真的很奇怪！」，父母這麼說會讓孩子認為，父母知道了卻不懂。「你很奇怪」這句話否定了孩子，因此孩子為了防止自己再度受傷，便不會期待父母能理解自己，並拒絕溝通。

父母知道孩子的想法後，不應妄加揣測，請接受並放在心裡。

我希望父母都能具有這樣的度量和力量。父母抱著先下手為強的態度，提供孩子協助和建議或予以糾正，是因為不信任孩子。就算父母的所作所為是出自於愛，還會造成孩子的壓力，導致他們隱藏真正的感受或態度頑固。

「不懂孩子在想什麼」的不安感，其實透露出父母本身不具備足夠的力量，去相信孩子具有自我解決問題的能力。也就是說，對待孩子的方式，反映出父母缺乏自信的模樣。並且，問題的根源在於，父母幼年時期無法獲得雙親的信賴。

儘管父母的幼年時期是問題的根源，但時光無法倒轉。與其憂心忡忡，不如採取實際的作為。如果父母能讓心靈成為一個空的容器，脫掉有色眼鏡，心平氣和的陪伴孩子，有一天孩子會開始主動分享自己的心情。

暴力是親子關係大禮

我接觸過很多來自不同背景的家長和孩子，其中十七歲的健太展現出令人驚嘆的「孩子的智慧」，是我難以忘懷的寶貴經驗之一。

雖然我稱之為「智慧」，不過連孩子本身都沒有意識到這一點。他所具有的智慧是潛藏於內心深處的先見之明，得以看透家庭狀況，和為家庭指引方向的力量。

健太十七歲生日那天，是五月的一個週日，他一如往常和母親兩個人待在家裡。但是，一直以來都很成熟穩重的他，那天突然性情大變。他一邊大吼，一邊隨便抓起身邊的物品朝母親亂砸。碗盤、書、電話、椅子、垃圾桶、空氣清淨機……當他丟出觀葉植物的大盆栽時，黑色的泥土散落一地。母親之所以感到害怕，是因為從來沒看過健太這種樣子。原本溫和、體貼母親的乖小孩，「像變了一個人一樣」。

這位母親一五一十的將事情經過告訴我，我則維持一貫的作風對她說「兒子發狂亂鬧了一場，真是太好了」。聽到我這麼說，這位母親剛開始有點驚訝，但還是一邊回憶，一邊談起婚後的家庭生活。健太的父親由於工作的緣故，一整年有大半時間都在國外工作。即使暫時回國也都待在東京總公司，只有日本大節日盂蘭盆節和過年會回家。這位母親終於開始抱怨孩子的父親經常不在家。

對於孩子父親的生活模式，她一直以來的態度都是「身為一位父親，努力為家庭奉獻沒什麼不對」。然而，她開始抱怨「父親經常不在家，會對男孩子造成不良的影響」，與她原本的想法相反。

時間來到八月盂蘭盆節過後的諮商日。健太的父親無預警的一起出現在諮商室。並暗示我不要灌輸他太太一些奇怪的思想。

「你說所有問題的原因是因為父親不在家嗎？」

不過，我從這位千里迢迢前來諮商室的父親身上，看到間接的「智慧」，因此我沒有回答他的問題，而是詢問了他幼年時期的父子關係。這才知道，這位父親小時候也受過父親嚴格的管教和體罰。

「這位爸爸您真是了不起。不想讓兒子和自己有相同遭遇，所以選擇與兒子保持距離，真是很有意思的作法。」

聽到我這麼說，父親彷彿重拾自信一樣，用力的點頭，對坐在旁邊的妻子笑說：

「你看，果然不是因為我。」

我和健太的父親，只有會談過那一次。

過了不久，在另一天的諮商中，健太的母親驚覺到一件非常重要的事，她大喊說：

「那個星期天是母親節。」

「兒子的暴力行為，是給我的母親節禮物！」

隨著內心恐懼的恐懼消失，我們也結束了諮商關係。過去由於父親很少陪在兒子身邊，所以為了彌補健太，母親總是對他過度保護。母親認為這是「為了兒子好」，實際上卻不知不覺變成控制。多虧了「母親節的暴力行為」，才讓母親得以察覺到這一點。

到了新的一年，健太的母親寄了一張新年賀卡到我的公司。

在那之後發生了很多事，而我想跟大家分享其中的一個轉變。

健太的父親婉拒派駐海外，請調至分公司後，可以每天從家裡通勤上班。我問了理由，他也只淡淡的說：「那句話敲醒了我。」

不過，他們父子之間聊天的次數變多，漸漸開始有「家」的感覺，這一點也令我覺得幸福。

「不引導孩子成長方向就不能放心」的父母心，其實反映出家長的不安，不相信孩子可以主動學習，開拓自己的人生。過度關切或干涉，恐怕會使孩子喪失原有的主動性。但是，一切都還來得及。即使在青春期以前受到壓抑，孩子仍然具備藉由「問題」行為主動喚起家人注意，邁向重生的力量。健太的家庭讓我再次確定這一點。

逆向管教

孩子引發「大問題」時，父母或許會認為自己教育失敗，有些父母甚至會回想起自己的成長環境，情緒變得更低落。

但是，請不要責怪自己。孩子的問題行為可能會帶來奇蹟，促使家庭出現「重大發現和轉變」。然而，父母在察覺孩子發出的「訊號」前，會先碰到最高一道牆，也就是自己內心的抗拒，因此進入這個過程並不容易。

在這裡我推薦以一種很特別的方法來克服這部分，也就是用與過去截然不同的因應方式，面對孩子和家庭問題。這個作法的成功率相當高，可以讓家庭產生新氣象。

讓我們來看看究竟可以產生哪些具體的轉變。父母通常會以直接的方式，停止小孩的問題行為，並且強迫孩子照自己的方式做。父母經常直接命令孩子「停」、「不要鬧了」、以不耐煩的口吻說「又怎麼了？」、「要說幾遍你才懂？」或者罵孩子「白目」、威脅孩子「滾出去」、「扣零用錢」、「沒收東西」作為懲罰，甚至祭出體罰。這些行為無法解決問題，反而會導致問題持續下去。

所謂「特別的新方法」指的是，不刻意去停止孩子的問題行為。父母想什麼，就採取相反的管教方式，我稱之為「逆向管教法」。

如果是小孩不寫功課，請跟他說「不用勉強，不寫也沒關係」。假設孩子不打掃房間，可以說「髒亂也無所謂」。

如此一來，孩子聽到父母說出與平常相反的話，會感到不可思議，反而開始注意父母的話和行為。這樣即可緩和敵對的親子關係。

當父母學會傳遞這樣的訊息之後，接著可以加入其他對話，表達自己「重視子女」的心意。在「不用念書也沒關係」之後，接著說「消除疲勞比較重要」。在「放著不用整理」之後說「髒又不會要人命」。父母可能會覺得害羞而難以開口，但不習慣聽這些話的孩子，一樣會不好意思。孩子表面上或許會說「噁心」、「煩死了」，但其實心裡很開心。因為孩子從小就想要確定「自己是被愛的」。

運用矛盾的話遠離控制的心態之後，父母不妨試著直接表達「重視孩子」的情感。重視一個人不需要理由。來到世界上當爸媽的孩子、出生在這個家庭，就是獨一無二的理由。「能生下你很幸福」、「謝謝你來到這個家」、「念不念書都沒關係。因為你是媽媽的寶貝」等，有無限種表達心意的方式。

父母最需要的就是察覺自己的感受並說出口的「度量」。只要拿出勇氣說一次，就會說得愈來愈自然。日本雙人樂團可苦可樂演唱的「只在這裡盛開的花」（ここでしか咲かない花）充分表達了這種「無條件尊重的精神」。

雖然一片荒蕪但這裡有只在此處綻放的花

可以靜靜的卸下心靈的包袱

這是第一句歌詞，最後隨著反覆輕聲唱出以下歌詞，歌聲逐漸淡出。

只在這裡盛開的花
只在這裡吹拂的風
這裡以外聽不到的歌
這裡以外見不到的風景
（詞曲：小淵健太郎）

請將「只在這裡」後面的字句，為換成任何有關小孩的事情。無論現在孩子出現什麼問題，父母都可以深切的感到，自己愛的是孩子的全部，誰都無法為代孩子的存在。

關鍵在於父母是否愛自己

有些案例中，父母為孩子奉獻一切，卻找不到出口以致身心交瘁。通常這樣的傾向在母親身上較明顯。母親重新檢討過去的親子關係，努力接納孩子，但孩子的

「轉變」卻讓他們喘不過氣。這時候孩子的內心深處，其實吶喊著：

「不對！不是這樣！」

無論父母是怎麼樣的人，所有孩子小時候都無條件的愛著父母。父母因為自己而飽受艱苦，是一件悲傷的事。父母疼惜孩子的同時，也必須學會「愛自己」。

父母努力學習尊重孩子，卻認為「自己無所謂」，實在很矛盾。

「請在下次諮商前，想一些愛自己的方法並去實踐」，我在諮商中經常交代這樣的功課給當事人。幾乎所有的母親聽到以後都會一臉困惑的說：「嗯…我不知道怎麼愛自己……」但也有母親分享自己的做法，問我：「累了就睡午覺，這算是愛自己嗎？」

愛自己就是慰勞自己、讓自己休息、喜歡自己、自得其樂、不壓抑自己等，有各種說法，各位讀者們又是怎麼想的呢？能否找出適合自己的方法，確實落實？

我諮商過一位叫做敦子的母親，她總是不斷犧牲自己。由於當事人對於「愛自己」完全沒有概念，所以我在諮商現場引導她，讓她體驗什麼是愛自己。

「往後坐，將背靠在椅背上」、「肩膀請不要用力」、「手不用跟腳併齊，自然垂下」、「膝蓋不用併攏，打開一點也無所謂」、「手指不用併攏，請放鬆張開手指」，以及「在這個房間裡，請不要再說任何一句『對不起』」。我透過調整動作和姿勢，讓不知道「愛自己」是什麼感覺的人進行體驗。對敦子而言，這些都是不容易做到的姿勢。我著重於這一點，目的在於舒緩她的心靈。讓她知道姿勢不端正並不會引起諮商師反感，確保她認知到「做自己很棒」，在某種意義上，使她獲得幼兒的「滿足」。

接下來是另一位母親，真奈美女士。她後悔的哭著，快速擦掉眼淚，再把衛生紙放在自己的膝蓋上，藏起來不想讓人看見。由於我和她之間隔了一張桌子，所以我看不到濕了的衛生紙。因此我立刻開口：「能不能請妳將衛生紙放在桌上呢？」、「真是漂亮的眼淚」、「請不要再藏起來了」，並由我將那張衛生紙保存在她的病歷中。

真奈美認為擦拭眼淚的衛生紙是「自己製造的穢物」，被人看到很沒禮貌。實際上那（眼淚）不是髒東西。對她而言理應是珍貴的眼淚。

＊＊＊

本書將孩子的行為問題視為「親子關係的問題」，解讀虐待的心理。從家庭外圍的社會、國家的角度來看，很容易令人產生錯覺，認為家庭的努力等力量微小且沒有意義，因此感到灰心喪志。教育主管機關的各種舞弊事件、金錢醜聞和競爭原理滲透至校園，將人區分為「勝利組」和「失敗組」。勝利組的人彼此競爭，使得戰況更激烈。「為了你好」只是一句父母將孩子推入競爭社會後，用來證明自己無罪的護身符。

「理解」、「容許」、「認同」家人和孩子，或許讓人以為會脫離競爭社會（實際上並不會）。但是，就算這樣也好。重要的是，我們的心對此有什麼「體會」。

勝利組的掌權者、經濟富裕的人，看起來過著幸福快樂的日子，是嗎？請不要被外觀所騙，當總結自己的人生那一刻來臨時，您將會如何回顧一生？

教養兒女，請放寬心。

結語

回顧二〇〇五年五月，我的著作《壓力鍋下的孩子：都是規矩惹的禍》（中文版由台灣世茂出版發行）問世了。

原以為這樣的書名會引發社會大眾反彈。但實際上讀了這本書的讀者，卻常有意想不到的感想。儘管書以「管教」為主題，但其實是一本給父母的「療癒書」，也就是目的在於讓父母看了以後可以放寬心，釋放教養孩子的壓力。「急救箱」是這本書後半部的一個章節，為了發揮急救箱目的，在本書各處暗藏許多心理療法的巧思。

我的願望在某種程度上已經實現，令我感到非常開心。《壓力鍋下的孩子：都是規矩惹的禍》日文版再刷多次，固然是件值得高興的事，不過更重要的是，收到讀者來信表示「有了改變」，才有「重版再來」的機會。「改變」並不是指「治好」孩子的問題。

而是父母本身改變了「看待事物的觀點」和「心情」。並且，產生勇氣面對自己「小時候的痛苦」。是讀者的這些改變，讓我覺得很有成就感。

《壓力鍋下的孩子：都是規矩惹的禍》其實並非主張「停止管教小孩」。而是呼籲母親改變對孩子的看法，希望母親和孩子都能學會愛自己，打造豐足和幸福的人生。

除了「母親」之外，我也希望寫一本呼籲「父親」的書。但是，在撰寫令父親內心產生共鳴的內容之前，我連父親們會有興趣的書名和切入點都還沒想到，所以至今還沒實現這個願望。

本書再度向各位「父母」喊話。除了有意讓這本書成為上一本的續集之外，也認為與「父母的心」交流，用這個字再適合不過了。本書設定的孩子年齡較上一本大，從兒童期變成青春期。現代社會將孩子和父母都逼得太緊，我希望透過書名的《為你好》，強烈表達想要將父母從這種悲哀的處境中解救出來的願望。

從「管教」、「教育」的束縛解脫，透過家庭成員相互認同和互動，開始感受活著的美好，這不是一件很棒的事嗎？

人不用追求完美。

＊＊＊

我想藉本書出版之際，向四個人表達謝意。

草思社的藤田博先生。謝謝你理解本書的深遠意義，大力協助出版事宜。

高瀨文人編輯。謝謝你在我身體狀況不佳的時候，提供想法給我，幫助我完成這本書。

作家柳美里女士。謝謝妳爽快答應從我的角度，重新敘述《家族秘密》（日本講談社）中的諮商過程。

最後，感謝所有「為了孩子好」、期盼孩子幸福，辛苦養育兒女的父母。長期與許多受煩憂所苦且誠實的人進行深入接觸，才造就了我的諮商方法和風格。

謝謝大家。

＊＊＊

另外，本書大幅改寫二〇〇八年出版的《不懂「孩子」在想什麼！》（「わが子」の気持ちが分からない！），並增加許多新內容。呈現出完全不同的新書風貌。讀者閱讀本書時，如果能搭配《壓力鍋下的孩子：都是規矩惹的禍》和《家族秘密》這兩本書一起看，我將感到非常榮幸。

也謝謝我自己，迎戰了那麼多艱苦的工作。

希望真摯的傾聽、實踐我說的話，並支持我的全日本民眾，都能養成看清「真相」的眼光。

長谷川博一

國家圖書館出版品預行編目（CIP）資料

都是為你好：揭穿原生家庭的幸福謊言 / 長谷川博一著；楊毓瑩譯. -- 初版. -- 新北市：世茂, 2018.07
面；　公分. --（銷售顧問金典；97）
譯自：お母さん、「あなたのために」と言わないで：子育てに悩むすべての人への処方箋
ISBN 978-957-8799-26-4（平裝）

1. 家庭教育

528.2　　107006846

銷售顧問金典 97

都是為你好：揭穿原生家庭的幸福謊言

作　　者／長谷川博一
譯　　者／楊毓瑩
主　　編／陳文君
責任編輯／曾沛琳
封面設計／林芷伊
出 版 者／世茂出版有限公司
地　　址／（231）新北市新店區民生路 19 號 5 樓
電　　話／（02）2218-3277
傳　　真／（02）2218-3239（訂書專線）
　　　　　（02）2218-7539
劃撥帳號／19911841
戶　　名／世茂出版有限公司
世茂官網／www.coolbooks.com.tw
排版製版／辰皓國際出版製作有限公司
印　　刷／祥新印刷股份有限公司
初版一刷／2018 年 7 月

I S B N／978-957-8799-26-4
定　　價／280 元